Rosalía de Castro

ROSALÍA DE CASTRO
AN DEN UFERN DES SAR

Gedichte
Spanisch und deutsch
Übertragung und Nachwort
von Fritz Vogelgsang

Insel Verlag

Titel des Originals: *En las orillas del Sar.*
Die Urausgabe erschien 1884 in Madrid. Auf ihr basieren die Wiedergabe und die Übertragung der spanischen Texte.

Erste Auflage 1987

Druck: MZ-Verlagsdruckerei, Memmingen
Printed in Germany

AN DEN UFERN DES SAR

ORILLAS DEL SAR

I

A través del follaje perenne
Que oír deja rumores extraños,
Y entre un mar de ondulante verdura,
Amorosa mansión de los pájaros,
    Desde mis ventanas veo
    El templo que quise tanto.

    El templo que tanto quise . . .
Pues no sé decir ya si le quiero,
Que en el rudo vaivén que sin tregua
    Se agitan mis pensamientos,
    Dudo si el rencor adusto
Vive unido al amor en mi pecho.

II

Otra vez, tras la lucha que rinde
    Y la incertidumbre amarga
Del viajero que errante no sabe
    Dónde dormirá mañana,
    En sus lares primitivos
Halla un breve descanso mi alma.

Algo tiene este blando reposo
    De sombrío y de halagüeño,
Cual lo tiene en la noche callada
    De un ser amado el recuerdo,
Que de negras traiciones y dichas
    Inmensas nos habla a un tiempo.

UFER DES SAR

I

Durch das niemals verwelkende Laubwerk,
Woraus seltsames Raunen ans Ohr dringt,
In einem Meer von wogendem Grün,
Einem lieblichen Wohnreich der Vögel,
    Seh ich, aus dem Fenster schauend,
    Die Kirche, die ich so liebte.

    Die Kirche, einst mir so lieb ...
Denn ich weiß nicht mehr, ob ich sie liebe.
Bei dem rüden Hin und Her, das ruhlos
    Mein Denken rüttelt und schüttelt,
    Fürchte ich, finsterer Groll
Habe verdrängt aus der Brust die Liebe.

II

Noch einmal, nach zermürbendem Kampf
    Und der bittren Ungewißheit
Des Umherirrenden, der nicht weiß,
    Wo er morgen schlafen wird,
    Findet am Herd ihrer Herkunft
Meine Seele eine kurze Rast.

Diese sanfte Ruhe hier hat etwas
    Bedrückendes und Erquickendes,
Wie in der stillen Nacht die Erinnerung
    An ein einst geliebtes Wesen,
Die von schwarzem Verrat und unsagbarem
    Glück erzählt zu gleicher Zeit.

Ya no lloro ... y no obstante agobiado
Y afligido mi espíritu, apenas
De su cárcel estrecha y sombría
    Osa dejar las tinieblas
    Para bañarse en las ondas
    De luz, que el espacio llenan.

Cual si en suelo extranjero me hallase,
    Tímida y hosca contemplo
Desde lejos los bosques y alturas
    Y los floridos senderos
Donde en cada rincón me aguardaba
    La esperanza sonriendo.

III

Oigo el toque sonoro que entonces
A mi lecho a llamarme venía
Con sus ecos, que el alba anunciaban,
    Mientras cual dulce caricia
    Un rayo de sol dorado
Alumbraba mi estancia tranquila.

Puro el aire, la luz sonrosada,
    ¡Qué despertar tan dichoso!
Yo veía entre nubes de incienso
    Visiones con alas de oro
Que llevaban la venda celeste
    De la fe sobre sus ojos ...

Ese sol es el mismo, mas ellas
    No acuden a mi conjuro;
Y a través del espacio y las nubes,
Y del agua en los limbos confusos,
Y del aire en la azul transparencia
¡Ay!, ya en vano las llamo y las busco.

Ich weine nicht mehr ... Und dennoch wagt es,
Leidgebeugt, mein Geist fast nicht, das Dunkel
Seines engen und düsteren Kerkers
Zu verlassen, um in den Wellen
Flutenden Lichtes zu baden,
Welche den Weltraum erfüllen.

Als befände ich mich in der Fremde,
Betrachte ich scheu und störrisch
Von ferne die Wälder und die Höhen,
Die blumengesäumten Pfade,
Wo mich an jeder Ecke erwartete
Die Hoffnung mit ihrem Lächeln.

III

Ich hör den vollen Klang des Geläutes,
Das einst an mein Lager kam, mich lockend
Mit seinem Hall, den Morgen verkündend,
Während wie ein Streicheln zärtlich
Ein goldener Sonnenstrahl
Die Stille meiner Stube erhellte.

Rein die Luft, rosig schimmernd das Licht,
Welch glückseliges Erwachen!
Ich gewahrte in Wolken von Weihrauch
Traumgesichte, goldgeflügelt,
Gestalten mit der himmlischen Binde
Des Glaubens über den Augen ...

Die Sonne ist dieselbe ... Doch unsichtbar
Bleiben die seligen Schemen,
Nach denen ich in Weltraum und Wolken
Und an den Rätselrändern des Wassers
Und in der blauen Klarheit der Luft,
Ach, nun vergebens rufe und suche.

Blanca y desierta, la vía
Entre los frondosos setos
Y los bosques y arroyos que bordan
Sus orillas, con grato misterio
Atraerme parece y brindarme
A que siga su línea sin término.

Bajemos pues, que el camino
Antiguo nos saldrá al paso,
Aunque triste, escabroso y desierto,
Y cual nosotros cambiado,
Lleno aún de las blancas fantasmas
Que en otro tiempo adoramos.

IV

Tras de inútil fatiga, que mis fuerzas agota,
Caigo en la senda amiga, donde una fuente brota
Siempre serena y pura,
Y con mirada incierta busco por la llanura
No sé qué sombra vana o qué esperanza muerta,
No sé qué flor tardía de virginal frescura
Que no crece en la vía arenosa y desierta.

De la oscura Trabanca tras la espesa arboleda,
Gallardamente arranca al pie de la vereda
La Torre, y sus contornos cubiertos de follaje,
Prestando a la mirada descanso en su ramaje,
Cuando de la ancha vega por vivo sol bañada,
Que las pupilas ciega,
Atraviesa el espacio, gozosa y deslumbrada.

Como un eco perdido, como un amigo acento
Que suena cariñoso,
El familiar chirrido del carro perezoso

Weiß und verödet, scheint der Weg
Zwischen dicht belaubten Hecken,
Zwischen den Wäldern und Bächen, die ihn
Säumen, verheißungsreich, voll Geheimnis,
Mit magischer Kraft mich einzuladen,
Daß ich folge der endlosen Linie.

Hinaus also, denn der alte
Pfad wird uns entgegenkommen,
Traurig zwar, voller Beschwer und leer
Und so verändert wie wir,
Doch beseelt noch von den hellen Spukbildern,
Die wir anbeteten einst.

IV

Nach vergeblicher Mühe, die nur Erschöpfung bringt,
Find ich das Lieblingsweglein, an dem ein Quell entspringt
Immer heiter und rein.
Und mit zweifelnden Blicken such ich landaus, landein
Wer weiß welch hohlen Schatten, welch toter Hoffnung Pfand,
Wer weiß welch späte Blume von frühlingsfrischem Schein,
Die nicht wächst in der Ödnis des Pfads aus rauhem Sand.

Hinter Trabancas dunkler, dicht gedrängter Allee
Strebt voller Stolz vom Wegrand La Torre in die Höh,
Die Konturen der Mauern von Laubwerk überflossen,
Dem Blicke Rast gewährend im Grün der Wipfelsprossen,
Wenn er die weite Talau, wo Sonne sich verschwendet,
Die die Pupillen blendet,
Durchschwirrt im Flimmergleißen: Lust, die in Blindheit endet.

Wie ein verlornes Echo, wie ein vertrauter Laut,
Der nach Zärtlichkeit klingt,
Des trägen Karrens Knarren zu mir herüberdringt,

Corre en alas del viento, y llega hasta mi oído
Cual en aquellos días hermosos y brillantes
En que las ansias mías eran quejas amantes,
Eran dorados sueños y santas alegrías.

Ruge la Presa lejos . . . y, de las aves nido,
        Fondons cerca descansa;
La cándida abubilla bebe en el agua mansa
Donde un tiempo he creído de la esperanza hermosa
Beber el néctar sano, y hoy bebiera anhelosa
Las aguas del olvido, que es de la muerte hermano;
Donde de los vencejos que vuelan en la altura
        La sombra se refleja,
Y en cuya linfa pura, blanco el nenúfar brilla
Por entre la verdura de la frondosa orilla.

V

¡Cuan hermosa es tu vega! ¡Oh Padrón! ¡Oh Iria Flavia!
Mas el calor, la vida juvenil y la savia
        Que extraje de tu seno
Como el sediento niño el dulce jugo extrae
        Del pecho blanco y lleno,
De mi existencia oscura en el torrente amargo
Pasaron cual barrida por la inconstancia ciega
Una visión de armiño, una ilusión querida,
        Un suspiro de amor.

De tus suaves rumores la acorde consonancia,
Ya para el alma yerta, tornóse bronca y dura
        A impulsos del dolor;
Secáronse tus flores de virginal fragancia,
Perdió su azul tu cielo, el campo su frescura,
        El alba su candor.

Vom Wind herbeigetragen auf Flügelflaum, umblaut,
Wie in den schönen Tagen, den Tagen voller Glanz,
Da all mein Sehnen Leiden der Liebe waren, Tanz
Golden schimmernder Träume und heilig reiner Freuden.

Fern braust das Wehr, La Presa ... Als Nest der Vogelbrut
 Fondons ganz nahe ruht;
Der Wiedehopf trinkt sorglos aus der gezähmten Flut,
Wo ich einstens der Hoffnung stärkenden Nektartrank
Arglos zu trinken glaubte und heut so gern, voll Dank,
Trunk des Vergessens tränke, so nah dem Tod verwandt;
Hier, wo die Mauersegler mit ihren Himmelsflügeln
 Sich als Schattenjagd spiegeln,
Hier, wo aus reinen Wellen weiß die Seerose glänzt
Zwischen dem grünen Schwellen, das die Wasser umgrenzt.

V

Wie schön, Padrón, o Iria Flavia, ist deine Aue!
Doch die Wärme, das junge Leben, der lockend laue
 Saft, den ich sog mit Lust,
Wie das Kindlein, das dürstend nicht bangt, wem es vertraue,
 Saugend an voller Brust
– Dahin, schon fortgerissen von meines dunklen Schicksals
Strudelnden Bitternissen, blindlings hinweggefegt,
Traumweißer Hermelin, Wahnglück, liebend gehegt,
 Ein Seufzen, schon dahin.

Deiner sanften Geräusche Einklang in milder Luft
Klingt dem erstarrten Herzen schrill jetzt und hart, als mische
 Schmerz sie zur Dissonanz;
Verdorrt sind deine Blumen von frühlingsreinem Duft,
Sein Blau verlor der Himmel, die Feldflur ihre Frische,
 Die Frühe ihren Glanz.

La nieve de los años, de la tristeza el hielo
Constante, al alma niegan toda ilusión amada,
        Todo dulce consuelo.
Sólo los desengaños preñados de temores
        Y de la duda el frío
Avivan los dolores que siente el pecho mío,
        Y ahondando mi herida
Me destierran del cielo, donde las fuentes brotan
        Eternas de la vida.

VI

¡Oh tierra, antes y ahora, siempre fecunda y bella!
Viendo cuán triste brilla nuestra fatal estrella,
        Del Sar cabe la orilla,
Al acabarme siento la sed devoradora
Y jamás apagada que ahoga el sentimiento,
Y el hambre de justicia que abate y que anonada
Cuando nuestros clamores los arrebata el viento
        De tempestad airada.

Ya en vano el tibio rayo de la naciente aurora
        Tras del Miranda altivo,
Valles y cumbres dora con su resplandor vivo;
En vano llega mayo de sol y aromas lleno,
Con su frente de niño de rosas coronada
        Y con su luz serena:
En mi pecho ve juntos el odio y el cariño,
        Mezcla de gloria y pena,
Mi sien por la corona del mártir agobiada
Y para siempre frío y agotado mi seno.

Der Schnee so vieler Jahre, der Frost der Trauerfron,
Verweigern meiner Seele jeden Trost, jede Liebe
Und jede Illusion,
Als ob ihr nur Enttäuschung, angstvolle Nacktheit bliebe.
Des Zweifels Kälte schürt
Die Marterglut der Qualen, die meine Brust verspürt,
Die tief und tiefer dringen,
Mir den Himmel verstellen, wo ewiglich die Quellen
Wahren Lebens entspringen.

VI

O Heimat, einst und heute, immer fruchtbar und schön!
Seh ich unseren Unstern trostlos am Himmel stehn
Überm Ufer des Sar,
Fühle ich, sterbensklar, den wilden, nie gestillten
Durst, der alle Schwachheit, allen Jammer verzehrt,
Und Hunger nach Gerechtigkeit, der verheert und vernichtet,
Wenn der Wind unser Wehgeschrei fortreißt und niederfährt
Als Sturm, der rasend richtet.

Vergebens, daß die milden Morgenstrahlen aus Schlüften
Am Miranda erblühen
Und die Täler und Gipfel mit Goldglanz überziehen;
Vergebens, daß der Mai, voll von Sonne und Düften,
Sich die kindliche Stirne mit Rosen rings umflicht
Und mit heiterstem Licht:
In meiner Brust erblickt er Haß und Liebe beisammen,
Glück und Kummer geballt,
Meine Schläfen zermartert, markiert von Dornenschrammen,
Und mein Schoß ist erloschen, leer und für immer kalt.

VII

Ya que de la esperanza para la vida mía
Triste y descolorido ha llegado el ocaso,
A mi morada oscura, desmantelada y fría
        Tornemos paso a paso,
Porque con su alegría no aumente mi amargura
        La blanca luz del día.

Contenta el negro nido busca el ave agorera,
Bien reposa la fiera en el antro escondido,
En su sepulcro el muerto, el triste en el olvido
        Y mi alma en su desierto.

VII

Da meines Lebens Hoffnung, verblaßt, todbleich, voll Jammer,
Sich ihres Unterganges nun nicht mehr kann erwehren,
Laß uns zu meiner dunklen, so kargen, kalten Kammer
Gelassen heimwärts kehren,
Daß Morgenstrahlen nicht mit grellem Freudenlicht
Die Bitterkeit noch mehren.

Froh strebt der Unglücksvogel dem schwarzen Neste zu,
Tief schläft in seinem Schlupf das wilde Tier, das schaurige,
In seinem Grab der Tote, im Vergessen der Traurige,
Mein Herz in seiner Wüstenruh.

Los unos altísimos,
Los otros menores,
Con su eterno verdor y frescura
Que inspira a las almas
Agrestes canciones,
Mientras gime al chocar con las aguas
La brisa marina de aromas salobres,
Van en ondas subiendo hacia el cielo
Los pinos del monte.

De la altura la bruma desciende
Y envuelve las copas
Perfumadas, sonoras y altivas
De aquellos gigantes
Que el Castro coronan;
Brilla en tanto a sus pies el arroyo
Que alumbra risueña
La luz de la aurora,
Y los cuervos sacuden sus alas
Lanzando graznidos
Y huyendo la sombra.

El viajero, rendido y cansado
Que ve del camino la línea escabrosa
Que aún le resta que andar, anhelara,
Deteniéndose al pie de la loma,
De repente quedar convertido
En pájaro o fuente,
En árbol o en roca.

Die einen so riesenhoch,
Die anderen kleiner,
Mit ihrer ewig grünenden Frische,
Welche die Herzen anregt
Zu ländlichen Liedern,
Während aufstöhnt beim Zusammenprall
Mit den Wassern die Seebrise, salzgewürzt,
Steigen in Wogen empor zum Himmel
Die Pinien des Berges.

Von der Höhe herab wallt der Nebel
Und umhüllt die duftenden,
Stimmgewaltigen und stolzen Wipfel
Von jenen Giganten,
Die den Castro krönen;
Aufglänzt zu seinen Füßen der Bachlauf,
Den lächelnd erleuchtet
Der Schimmer des Morgenrots;
Und die Raben rütteln ihre Flügel,
Mit lautem Gekrächz
Aus dem Dunkel flüchtend.

Der Wanderer, der erschöpft und müde
Die holprig steile Linie sieht des Weges,
Den er noch vor sich hat, fühlt, ein Weilchen
Verharrend am Fuße der Anhöhe,
Den Wunsch zu bleiben, plötzlich verwandelt
Zum Quell oder Vogel,
Zum Baum oder Felsblock.

Era apacible el día
Y templado el ambiente,
Y llovía, llovía
Callada y mansamente;
Y mientras silenciosa
Lloraba yo y gemía,
Mi niño, tierna rosa,
Durmiendo se moría.
Al huir de este mundo, ¡qué sosiego en su frente!
Al verle yo alejarse, ¡qué borrasca en la mía!

Friedsam der Tag begann,
Die Luft war lau und lind,
Der Regen rann und rann
Ganz leise, ohne Wind,
Und während lautlos ich
Weinte und seufzend sann,
Mein Rosenkind verblich
Im Schlafe irgendwann.
Wie still war seine Stirne, als es der Welt entwich!
Wie wild, als es mir hinschwand, fiel Sturm die meine an!

Tierra sobre el cadáver insepulto
Antes que empiece a corromperse . . . ¡tierra!
Ya el hoyo se ha cubierto, sosegaos,
Bien pronto en los terrones removidos
Verde y pujante crecerá la yerba.

¿Qué andáis buscando en torno de las tumbas,
Torvo el mirar, nublado el pensamiento?
¡No os ocupéis de lo que al polvo vuelve! . . .
Jamás el que descansa en el sepulcro
Ha de tornar a amaros ni a ofenderos

¡Jamás! ¿Es verdad que todo
Para siempre acabó ya?
No, no puede acabar lo que es eterno,
Ni puede tener fin la inmensidad.

Tú te fuiste por siempre; mas mi alma
Te espera aún con amoroso afán,
Y vendrás o iré yo, bien de mi vida,
Allí donde nos hemos de encontrar.

Algo ha quedado tuyo en mis entrañas
Que no morirá jamás,
Y que Dios, porque es justo y porque es bueno,
A desunir ya nunca volverá.
En el cielo, en la tierra, en lo insondable
Yo te hallaré y me hallarás.
No, no puede acabar lo que es eterno,
Ni puede tener fin la inmensidad.

Mas . . . es verdad, ha partido
Para nunca más tornar.
Nada hay eterno para el hombre, huésped

Erde über den eingesargten Leichnam,
Ehe er zu verwesen anfängt ... Erde!
Schon ist die Grube zugeschüttet, faßt euch.
Recht bald wird aus den umgegrabnen Schollen,
Grün und kraftvoll drängend, das Gras ersprießen.

Wozu umkreist ihr suchend denn die Gräber
Mit stieren Blicken, mit verwölktem Denken?
Kümmert euch nicht um das, was wieder Staub wird! ...
Niemals wird der, der da im Grabe liegt,
Erneut euch lieben oder euch beleidigen.

Niemals! Ist wirklich alles
Für immer nun vorbei?
Nein, was doch ewig ist, kann nicht vorbei sein;
Die Unermeßlichkeit, sie kann nicht enden.

Du gingst für immer fort; doch meine Seele
Wartet, liebevoll hoffend, noch auf dich,
Und du wirst kommen, oder ich, mein Schatz,
Werde dorthin gehen, wo wir uns treffen.

Etwas von dir ist tief in mir geblieben,
Was niemals sterben wird
Und was Gott, weil er gut, weil er gerecht ist,
Niemals mehr trennen wird.
Im Himmel, auf Erden, im Unergründlichen
Werd ich dich finden und du mich.
Nein, was doch ewig ist, kann nicht vorbei sein;
Die Unermeßlichkeit, sie kann nicht enden.

Doch ... er ist wirklich fort,
Um nie wiederzukehren.
Und nichts Ewiges gibt es für den Menschen,

De un día en este mundo terrenal,
En donde nace, vive y al fin muere
Cual todo nace, vive y muere acá.

Den Eintagsgast in dieser Erdenwelt,
Wo er entsteht und lebt und endlich stirbt,
Wie alles hier entsteht und lebt und stirbt.

Una luciérnaga entre el musgo brilla
Y un astro en las alturas centellea,
Abismo arriba, y en el fondo abismo,
¿Qué es al fin lo que acaba y lo que queda?
En vano el pensamiento
Indaga y busca en lo insondable, ¡oh ciencia!
Siempre al llegar al término ignoramos
Qué es al fin lo que acaba y lo que queda.

Arrodillada ante la tosca imagen,
Mi espíritu abismado en lo infinito,
Impía acaso, interrogando al cielo
Y al infierno a la vez, tiemblo y vacilo.
¿Qué somos? ¿Qué es la muerte? La campana
Con sus ecos responde a mis gemidos
Desde la altura, y sin esfuerzo el llanto
Baña ardiente mi rostro enflaquecido.
¡Qué horrible sufrimiento! ¡Tú tan sólo
Lo puedes ver y comprender, Dios mío!

¿Es verdad que lo ves? Señor, entonces
Piadoso y compasivo
Vuelve a mis ojos la celeste venda
De la fe bienhechora que he perdido,
Y no consientas, no, que cruce errante,
Huérfano y sin arrimo,
Acá abajo los yermos de la vida,
Más allá las llanadas del vacío.

Sigue tocando a muerto, y siempre mudo
E impasible, el divino
Rostro del Redentor deja que envuelto
En sombras quede el humillado espíritu.
Silencio siempre; únicamente el órgano

Ein Glühwürmchen erschimmert auf dem Moosgrund,
Und ein Gestirn erglänzt in Himmelshöhen,
Abgrund oben und in der Tiefe Abgrund
– Was nun vergeht am Ende und was bleibt?
Vergebens forscht das Denken,
Suchend im Unergründlichen, o Wissenschaft!
Am Schluß ergibt sich stets, daß wir nicht wissen,
Was nun vergeht am Ende und was bleibt.

Kniend vor einem rohen, plumpen Bildwerk,
Den Geist in das Unendliche versenkend,
Unfromm vielleicht, den Himmel und die Hölle
Zugleich befragend, zittre ich und schwanke.
Was denn sind wir? Was ist der Tod? Die Glocke
Mit ihrem Hall gibt meinem Stöhnen Antwort
Aus der Höhe, und unwillkürlich rinnen
Heiß über mein hagres Gesicht die Tränen.
Welch entsetzliche Qual! Nur du allein,
O mein Gott, kannst sie sehen und verstehen!

Stimmt es, daß du sie siehst? O Herr, dann lege
Mir gütig und barmherzig
Doch aufs neue die himmelblaue Binde
Des wohltuenden Glaubens, des verlornen,
Um die Augen und laß nicht zu, daß ich
Verwaist und ohne Hilfe
Hier unten durch des Lebens Öden irre,
Im Jenseits nur durch seichtes, leeres Nichts.

Die Totenglocke schlägt und schlägt, und immer
Stumm, göttlich ungerührt,
Sieht das Gesicht des Heilands es mit an,
Wie der gebeugte Geist im Dunkel bleibt.
Unaufhörliches Schweigen. Nur die Orgel

Con sus acentos místicos
Resuena allá de la desierta nave
Bajo el arco sombrío.

Todo acabó quizás, menos mi pena,
Puñal de doble filo;
Todo, menos la duda que nos lanza
De un abismo de horror en otro abismo.

Desierto el mundo, despoblado el cielo,
Enferma el alma y en el polvo hundido
El sacro altar en donde
Se exhalaron fervientes mis suspiros,
En mil pedazos roto
Mi Dios cayó al abismo,
Y al buscarle anhelante sólo encuentro
La soledad inmensa del vacío.

De improviso los ángeles
Desde sus altos nichos
De mármol me miraron tristemente
Y una voz dulce resonó en mi oído:
»Pobre alma, espera y llora
A los pies del Altísimo;
Mas no olvides que al cielo
Nunca ha llegado el insolente grito
De un corazón que de la vil materia
Y del barro de Adán formó sus ídolos.«

Mit ihren mystischen
Klängen hallt hinten durch das leere Schiff
Unterm dunklen Gewölb.

Alles vorbei vielleicht, nur meine Qual nicht,
Dieser Dolch mit zwei Schneiden;
Alles, nur nicht der Zweifel, der von einem
Schreckensabgrund uns in den andern stößt.

Die Welt verwüstet, unbewohnt der Himmel,
Die Seele krank, und tief im Staub versunken
Der heilige Altar,
Wo meine Seufzer inbrünstig verhauchten;
Zerspellt in tausend Stücke,
Ist mein Gott in den Abgrund
Gestürzt, und sehnsüchtig ihn suchend, find ich
Nur die endlose Einsamkeit der Leere.

Unversehens, aus ihren
Marmornen Nischen droben,
Blickten mich da die Engel traurig an,
Und an mein Ohr drang eine süße Stimme:
»Du arme Seele, warte
Und weine zu den Füßen
Des Höchsten, doch vergiß nicht,
Daß nie zum Himmel dringt der dreiste Schrei
Eines Herzens, das aus gemeinem Stoff
Und Adams Lehm sich seine Götzen formte.«

Adivínase dulce y perfumado
Calor primaveral;
Los gérmenes se agitan en la tierra
Con inquietud en su amoroso afán,
Y cruzan por los aires, silenciosos,
Atomos que se besan al pasar.

Hierve la sangre juvenil; se exalta
Lleno de aliento el corazón, y audaz
El loco pensamiento sueña y cree
Que el hombre es, cual los dioses, inmortal.
No importa que los sueños sean mentira,
Ya que al cabo es verdad
Que es venturoso el que soñando muere,
Infeliz el que vive sin soñar.

¡Pero qué aprisa en este mundo triste
Todas las cosas van!
¡Que las domina el vértigo creyérase!...
La que ayer fue capullo es rosa ya,
Y pronto agostará rosas y plantas
El calor estival.

Ahnend verspürt man, wohlig und voll Duft,
Etwas wie Frühlingswärme;
Die Keime regen sich schon in der Erde,
Ruhlos erfüllt von ihrem Liebesdrang;
Und in den Lüften kreuzen, lautlos schwebend
Und unterwegs sich küssend, Sonnenstäubchen.

Es gärt das junge Blut; von Mut durchdrungen,
Schwingt das wallende Herz sich auf; und kühn
Versteigt das tolle Denken sich und glaubt,
Der Mensch sei doch, den Göttern gleich, unsterblich.
Denn was macht's, wenn die Träume Lügen sind,
Wo's doch am Ende wahr ist,
Daß der glückselig ist, der träumend stirbt,
Unglücklich der, der lebt, ohne zu träumen.

Doch wie geschwinde geht auf dieser traurigen
Erde alles vorbei!
Wie vom Schwindel erfaßt, könnte man meinen ...!
Was gestern Knospe war, ist nun schon Rose,
Und bald verdorren Blütenglanz und Blattgrün
In der Hitze des Sommers.

Candente está la atmósfera;
Explora el zorro la desierta vía;
Insalubre se torna
Del limpio arroyo el agua cristalina
Y el pino aguarda inmóvil
Los besos inconstantes de la brisa.

Imponente silencio
Agobia la campiña;
Sólo el zumbido del insecto se oye
En las extensas y húmedas umbrías,
Monótono y constante
Como el sordo estertor de la agonía.

Bien pudiera llamarse, en el estío,
La hora del mediodía,
Noche en que al hombre de luchar cansado
Más que nunca le irritan
De la materia la imponente fuerza
Y del alma las ansias infinitas.

Volved, ¡oh, noches del invierno frío,
Nuestras viejas amantes de otros días!
Tornad con vuestros hielos y crudezas
A refrescar la sangre enardecida
Por el estío insoportable y triste . . .
¡Triste . . ., lleno de pámpanos y espigas!

Frío y calor, otoño o primavera
¿Dónde . . . dónde se encuentra la alegría?
Hermosas son las estaciones todas
Para el mortal que en sí guarda la dicha:
Mas para el alma desolada y huérfana
No hay estación risueña ni propicia.

Weiß glüht die Luft ringsum;
Der Fuchs erkundet den verlaßnen Weg;
Eine giftige Lache
Wird des lauteren Bachs Kristallgewässer,
Und reglos harrt die Pinie
Auf unverläßliche Küsse der Brise.

Übermächtiges Schweigen
Liegt drückend auf der Feldflur;
Nur das Gesumm des Insekts ist zu hören
Auf den weiten und feuchten Schattenhängen,
Monoton und beständig
Wie das dumpfe Geröchel des Todeskampfes.

Zu Recht könnte man Nacht nennen, im Sommer,
Die Mittagsstunde, Nacht,
Worin der Mensch, des Ringens müde schon,
Mehr als sonstwann verstört wird
Von der Materie ungeheurer Macht
Und den unzähligen Ängsten der Seele.

Kehrt wieder, o ihr kalten Winternächte,
Ihr altgeliebten aus früheren Tagen!
Kommt wieder doch mit Rauheit und mit Frost,
Um zu kühlen das Blut, so schwül erhitzt
Vom unerträglichen, traurigen Sommer …
Traurig …, voll Ähren, voll üppigen Weinlaubs!

Kälte und Hitze, Frühling oder Herbst
– Wo denn … wo nur ist die Freude zu finden?
Schön sind alle Zeiten des Jahres dem,
Der im sterblichen Selbst das Glück verwahrt;
Doch für die Seele, die öd und verwaist ist,
Gibt's keine Jahreszeit, die freundlich lächelt.

Un manso río, una vereda estrecha,
Un campo solitario y un pinar,
Y el viejo puente rústico y sencillo
Completando tan grata soledad.

¿Qué es soledad? Para llenar el mundo
Basta a veces un solo pensamiento.
Por eso hoy, hartos de belleza, encuentras
El puente, el río y el pinar desiertos.

No son nube ni flor los que enamoran,
Eres tú, corazón, triste o dichoso,
Ya del dolor y del placer el árbitro
Quien seca el mar y hace habitable el polo.

Ein sanft strömender Fluß, ein schmaler Fußpfad,
Ein einsames Feld und ein Pinienhain,
Dazu die alte Brücke, bäurisch, einfach,
Rundend solch ruhefrohes Bild der Einsamkeit.

Was heißt Einsamkeit? Um die Welt zu füllen,
Genügt manchmal ein einziger Gedanke.
Darum findest du voller Schönheit heut
Brücke und Fluß und Wald, so weltverlassen.

Nicht Wolke oder Blume wecken Liebe,
Du bist es, Herz, trüb oder glücksdurchloht,
Was als Herr über Leid und Lust das Meer
Austrocknet und bewohnbar macht den Pol.

– Detente un punto, pensamiento inquieto,
La victoria te espera,
El amor y la gloria te sonríen.
¿Nada de esto te halaga ni encadena?
– Dejadme solo y olvidado y libre,
Quiero errante vagar en las tinieblas;
Mi ilusión más querida
Sólo allí dulce y sin rubor me besa.

– Mach halt, einen Moment, ruhloses Denken.
        Der Sieg erwartet dich,
Die Liebe und der Ruhm lächeln dir zu.
Nichts davon erfreut oder fesselt dich?
– Laßt mich allein sein, vergessen und frei.
Ich will streunend umherirren im Finstern;
        Denn mein liebster Wunschtraum
Kann nur dort sanft und ohne Scham mich küssen.

Moría el sol, y las marchitas hojas
De los robles, a impulso de la brisa,
En silenciosos y revueltos giros
        Sobre el fango caían:
Ellas, que tan hermosas y tan puras
En el abril vinieran a la vida.

Ya era el otoño caprichoso y bello:
¡Cuán bella y caprichosa es la alegría!
Pues en la tumba de las muertas hojas
Vieron sólo esperanzas y sonrisas.

Extinguióse la luz: llegó la noche
Como la muerte y el dolor, sombría;
Estalló el trueno, el río desbordóse
Arrastrando en sus aguas a las víctimas;
Y murieron dichosas y contentas ...
¡Cuán bella y caprichosa es la alegría!

Die Sonne erstarb, und die welken Blätter
Der Eichbäume, getrieben von der Brise,
Fielen lautlos und wirr im Kreise wirbelnd
        Herunter in den Schlamm:
Sie, die so hübsch, so herrlich frisch und rein
Ans Licht gekommen waren im April.

Nun herrschte Herbst, eigensinnig und schön:
Wie schön und eigensinnig ist die Freude!
Denn in dem Grab der toten Blätter sah man
Nur lauter Hoffnungsfarben, lauter Lächeln.

Das Licht erlosch: Es kam die Nacht, so düster
Wie der Tod und das Leid; der Donner dröhnte,
Der Fluß schwoll an, trat über seine Ufer,
Schleifte in seinen Wassern fort die Opfer,
Und sie starben glückselig und zufrieden ...
Wie schön und eigensinnig ist die Freude!

Del rumor cadencioso de la onda
Y el viento que muge;
Del incierto reflejo que alumbra
La selva o la nube;
Del piar de alguna ave de paso;
Del agreste ignorado perfume
Que el céfiro roba
Al valle o a la cumbre,
Mundos hay donde encuentran asilo
Las almas que al peso
Del mundo sucumben.

Im rhythmischen Rauschen des Wellenganges
Und im Wind, der braust;
Im ungewissen Schimmer, welcher Wolke
Oder Wald erleuchtet;
Im fremden Piepsen irgendeines Zugvogels;
Im ländlich wilden, unbekannten Duft,
Den der Zephyr raubt
Dem Tal oder Gipfel,
Sind Welten, wo die Seelen Zuflucht finden,
Die unter der Last
Dieser Welt erliegen.

MARGARITA

I

¡Silencio, los lebreles
De la jauría maldita!
No despertéis a la implacable fiera
Que duerme silenciosa en su guarida.
¿No veis que de sus garras
Penden gloria y honor, reposo y dicha?

Prosiguieron aullando los lebreles ...
– ¡Los malos pensamientos homicidas! –
Y despertaron la temible fiera ...
– ¡La pasión que en el alma se adormía! –
Y ¡adiós en un momento!,
¡Adiós gloria y honor, reposo y dicha!

II

Duerme el anciano padre, mientras ella
A la luz de la lámpara nocturna
Contempla el noble y varonil semblante
Que un pesado sueño abruma.

Bajo aquella triste frente
Que los pesares anublan,
Deben ir y venir torvas visiones,
Negras hijas de la duda.

Ella tiembla ..., vacila y se estremece ...
¿De miedo acaso, o de dolor y angustia?
Con expresión de lástima infinita,
No sé qué rezos murmura.

MARGARITA

I

Seid still doch, Windhunde
Der gottverdammten Meute!
Weckt nicht auf das erbarmungslose Raubtier,
Das lautlos schläft in seinem Bau.
Ahnt ihr nicht, daß die Krallen
Stolz und Ehre, Ruhe und Glück bedrohen?

Doch die Hetzhunde lärmten jaulend weiter ...
– Die üblen, seelenmordenden Gedanken! –
Und weckten auf das fürchterliche Raubtier ...
– Die Leidenschaft, die tief im Herzen schlummerte! –
Und ade denn im Nu,
Ade, Ehre und Stolz, Ruhe und Glück!

II

Es schläft der alte Vater, während sie
Im Schein der Lampe zu nächtlicher Stunde
Das edle, männliche Gesicht betrachtet,
Das ein schwerer Traum verstört.

Unter der traurigen Stirn,
Die schwer von Sorgen umwölkt ist,
Herrscht wohl ein Hin und Her von Schreckensbildern,
Ausgeburten schwarzen Zweifels.

Sie zittert ..., schwankt, zuckt erschauernd zusammen ...
Aus Furcht vielleicht oder Reue und Angst?
Mit einer Miene unendlichen Mitleids
Murmelt sie was, wie ein Gebet.

Plegaria acaso santa, acaso impía
Trémulo el labio a su pesar pronuncia,
Mientras dentro del alma la conciencia
        Contra las pasiones lucha.

        ¡Batalla ruda y terrible
Librada ante la víctima, que muda
Duerme el sueño intranquilo de los tristes
A quien ha vuelto el rostro la fortuna!

        Y él sigue en reposo, y ella,
Que abandona la estancia, entre las brumas
De la noche se pierde, y torna al alba,
Ajado el velo, ... en su mirar la angustia.

        Carne, tentación, demonio,
¡Oh!, ¿de cuál de vosotros es la culpa?
¡Silencio! ... El día soñoliento asoma
        Por las lejanas alturas,
Y el anciano despierto, ella risueña,
        Ambos su pena ocultan,
Y fingen entregarse indiferentes
A las faenas de su vida oscura.

III

La culpada calló, mas habló el crimen ...
Murió el anciano, y ella, la insensata,
Siguió quemando incienso en su locura,
De la torpeza ante las negras aras,
Hasta rodar en el profundo abismo
Fiel a su mal, de su dolor esclava.

¡Ah! Cuando amaba el bien, ¿cómo así pudo
Hacer traición a su virtud sin mancha,

Ein Flehen, vielleicht fromm, oder auch frevelhaft,
Entquillt von selbst den bebenden Lippen,
Während im Herzen drinnen das Gewissen
Mit den Leidenschaften ringt.

Harter, entsetzlicher Kampf,
Ausgetragen im Angesicht des Opfers,
Das stumm den Albtraum des Traurigen träumt,
Dem das launische Glück den Rücken kehrt!

Er bleibt regungslos, und sie,
Die das Zimmer verläßt, taucht in die Nebel
Der Nacht, und kommt zurück im Morgengrauen,
Zerzaust der Schleier ... in den Augen Angst.

Fleisch, Versuchung, Teufelei,
Oh, wer von euch war's, wer ist schuld daran?
Still! ... Der noch schlaftrunkene Tag erscheint
Auf den Höhen in der Ferne,
Und der Alte erwacht, sie lächelt, beide
Verbergen das, was sie quält,
Und tun so, als gingen sie gleichgültig
Den Pflichten ihres schlichten Lebens nach.

III

Die Schuldige schwieg, doch die Untat redete ...
Der Alte starb, und sie, völlig von Sinnen,
Opferte weiter Weihrauch, wahnbesessen,
Vor der Schamlosigkeit schwarzen Altären,
Bis sie hinabrollte ins Bodenlose,
Treu ihrem Übel, Sklavin ihres Leids.

Ach, wie konnte sie, die das Gute liebte,
So verraten die Reinheit ihres Wesens,

Malgastar las riquezas de su espíritu,
Vender su cuerpo, condenar su alma?
  Es que en medio del vaso corrompido
Donde su sed ardiente se apagaba,
De un amor inmortal los leves átomos,
Sin mancharse, en la atmósfera flotaban.

So vergeuden den Reichtum ihres Geistes,
Den Leib verkaufen, die Seele verdammen?
   Weil in dem übel verderbten Gefäß,
An dem sie ihren glühenden Durst löschte,
Sonnenstäubchen einer unsterblichen
Liebe, spielend dem Schmutz enthoben, schwebten.

Sedientas las arenas en la playa
Sienten del sol los besos abrasados,
Y no lejos, las ondas siempre frescas
Ruedan pausadamente murmurando.

Pobres arenas de mi suerte imagen:
No sé lo que me pasa al contemplaros,
Pues como yo sufrís, secas y mudas,
El suplicio sin término de Tántalo.

Pero ¿quién sabe? . . . Acaso luzca un día
En que, salvando misteriosos límites,
Avance el mar y hasta vosotras llegue
A apagar vuestra sed inextinguible.

¡Y quién sabe también si tras de tantos
Siglos de ansias y anhelos imposibles,
Saciará al fin su sed el alma ardiente
Donde beben su amor los serafines!

Dürstend spüren die Dünen auf dem Sandstrand
Die versengenden Glutküsse der Sonne.
Und unweit wälzen sich die immer kühlen
Wellen des Meers mit gelassenem Murmeln.

Arme Dünen, Abbilder meines Schicksals
– Ich weiß nicht, wie mir ist bei eurem Anblick.
Ihr erleidet wie ich, lechzend und stumm,
Die nie endende Folterqual des Tantalus.

Aber, wer weiß ... Vielleicht erscheint ein Tag,
An dem, geheime Grenzen überspringend,
Die See ausbricht und bis zu euch gelangt,
Um euren unstillbaren Durst zu löschen.

Und wer weiß, ob nicht doch auch, nach Jahrhunderten
Unerträglicher Gier und Sehnsucht, endlich
Die glutversengte Seele ihren Durst
Dort stillt, wo die Seraphim Liebe trinken.

LOS TRISTES

I

De la torpe ignorancia que confunde
Lo mezquino y lo inmenso,
De la dura injusticia del más alto,
De la saña mortal de los pequeños,
¡No es posible que huyáis! cuando os conocen
Y os buscan, como busca el zorro hambriento
A la indefensa tórtola en los campos;
Y al querer esconderos
De sus cobardes iras, ya en el monte,
En la ciudad o en el retiro estrecho,
¡Ahí va!, exclaman, *¡Ahí va!* y allí os insultan
Y señalan, con íntimo contento,
Cual la mano implacable y vengativa
Señala al triste y fugitivo reo.

II

Cayó por fin en la espumosa y turbia,
Recia corriente, y descendió al abismo
Para no subir más a la serena
Y tersa superficie. En lo más íntimo
Del noble corazón ya lastimado
Resonó el golpe doloroso y frío
Que ahogando la esperanza
Hace abatir los ánimos altivos,
Y plegando las alas torvo y mudo,
En densa niebla se envolvió su espíritu.

DIE TRAURIGEN

I

Der Ahnungslosigkeit, die dumpf das Schäbige
Verwechselt mit dem Unschätzbaren,
Der harten Ungerechtigkeit des Obersten,
Der tödlich finstren Wut der Niedrigen
Entkommt ihr niemals mehr, wenn sie euch kennen
Und euch nachstellen, wie der hungrige
Fuchs der wehrlosen Turteltaube nachstellt;
Und wollt ihr euch verbergen
Vor ihrem feigen Ingrimm, sei's im Bergland,
In der Stadt oder in der engsten Einsamkeit
– »*Da ist er!*« schreien sie. »*Da!*« und sie deuten
Schmähend auf euch, mit inniger Befriedigung,
Wie die gnadenlos rachsüchtige Hand
Auf den traurig flüchtenden Sträfling deutet.

II

Schließlich stürzte er in die schaumig trübe,
Reißende Strömung und sank in den Abgrund,
Um nie mehr aufzutauchen an der heiteren,
Glänzenden Oberfläche. Tief im Innersten
Des adeligen, schwer getroffenen
Herzens hallte der schmerzhaft kalte Schlag nach,
Der, die Hoffnung erstickend,
Erschlaffen macht den hochfliegenden Mut,
Und die Flügel schließend, entsetzlich stumm,
Verhüllt sich sein Geist in dichtem Nebel.

III

Vosotros que lograsteis vuestros sueños,
¿Qué entendéis de sus ansias malogradas?
Vosotros que gozasteis si sufristeis
¿Qué comprendéis de sus eternas lágrimas?

Y vosotros, en fin, cuyos recuerdos
Son como niebla que disipa el alba
¡Qué sabéis del que lleva de los suyos
La eterna pesadumbre sobre el alma!

IV

Cuando en la planta con afán cuidada
La fresca yema de un capullo asoma,
Lentamente arrastrándose entre el césped
Le asalta el caracol y la devora.

Cuando de un alma atea
En la profunda oscuridad medrosa
Brilla un rayo de fe, viene la duda
Y sobre él tiende su gigante sombra.

V

En cada fresco brote, en cada rosa erguida
Cien gotas de rocío brillan al sol que nace;
Mas él ve que son lágrimas que derraman los tristes,
Al fecundar la tierra con su preciosa sangre.

Henchido está el ambiente de agradables aromas,
Las aguas y los vientos cadenciosos murmuran;

III

Ihr, deren Träume Wirklichkeit geworden,
Was wißt ihr von seiner verfehlten Sehnsucht?
Ihr, die ihr Lust erlebt habt, wenn ihr littet,
Was sagen euch seine ewigen Tränen?

Und ihr schließlich, deren Erinnerungen
Wie Nebel sind, den das Frühlicht zerstreut,
Was ahnt ihr von dem Menschen, der die seinen
Ewig als Last auf seiner Seele trägt!

IV

Wenn an der liebevoll gehegten Pflanze
Die frische Kuppe einer Knospe sprießt,
Macht sich, langsam im Grase näherkriechend,
Die Schnecke drüber her und frißt sie auf.

Wenn in gottloser Seele,
In ihrem tiefen, angsterfüllten Dunkel,
Ein Glaubensstrahl erschimmert, kommt der Zweifel
Und deckt ihn zu mit seinem Riesenschatten.

V

Auf jedem frischen Triebe, auf jeder offnen Rose
Hundert Tautropfen glänzen, glitzernd im ersten Licht.
Doch er sieht, es sind Tränen, von Traurigen vergossen,
Welche die Erde tränken mit dem Gut ihres Blutes.

Es schwillt ringsum die Luft, erfüllt von süßen Düften,
Die Wasser und die Winde rauschen bewegt, voll Wohlklang.

Mas él siente que rugen con sordo clamoreo
De sofocados gritos y de amenazas mudas.

¡No hay duda! De cien astros nuevos, la luz radiante
Hasta las más recónditas profundidades llega;
Mas sus hermosos rayos
Jamás en torno suyo rompen la bruma espesa.

De la esperanza, ¿en dónde crece la flor ansiada?
Para él, en donde quiera al retoñar se agosta,
Ya bajo las escarchas del egoísmo estéril
O ya del desengaño a la menguada sombra.

¡Y en vano el mar extenso y las vegas fecundas,
Los pájaros, las flores y los frutos que siembra!
Para el desheredado, sólo hay bajo el cielo
Esa quietud sombría que infunde la tristeza.

VI

Cada vez huye más de los vivos,
Cada vez habla más con los muertos,
Y es que cuando nos rinde el cansancio
Propicio a la paz y al sueño,
El cuerpo tiende al reposo,
El alma tiende a lo eterno.

VII

Así como el lobo desciende a poblado
Si acaso en la sierra se ve perseguido,
Huyendo del hombre que acosa a los tristes,
Buscó entre las fieras, el triste, un asilo.

Doch er hört's als Gebrodel von dumpfen Klagelauten,
Von abgewürgten Schreien, von unterdrückter Drohung.

Gewiß, die hohe Helle hundert neuer Gestirne
Dringt leuchtend in die Tiefen, bis in die letzten Winkel.
          Doch ihre schönen Strahlen
Durchbrechen nie den Dunst, der ihn so dicht umlagert.

Der Hoffnung Blume – wo nur wächst die ersehnte Blüte?
Für ihn, wo es auch sein mag, verdorrt sie schon im Keimen,
Sei es unter dem Rauhreif der ertötenden Ichsucht,
Sei es im kargen Schatten verbitternder Enttäuschung.

Nutzlos das weite Meer und die fruchtbaren Auen,
Die Vögel und die Blumen, die Samen, die er aussät!
Für den Enterbten gibt es nichts andres unterm Himmel
Als die düstere Stille, die der Trauer entquillt.

VI

Mehr und mehr flieht er die Lebenden,
Mehr und mehr redet er mit den Toten,
Denn wenn Erschöpfung uns müde macht,
          Geneigt zu Frieden und Schlaf,
          So strebt der Leib nach der Ruhe,
          Die Seele nach Ewigkeit.

VII

Wie der Wolf herabkommt zur bewohnten Ortschaft,
Wenn er sich verfolgt sieht im Gebirge droben,
So suchte, den Menschen fliehend, der ihn hetzt,
Zuflucht der Traurige bei den wilden Tieren.

El sol calentaba su lóbrega cueva,
Piadosa velaba su sueño la luna,
El árbol salvaje le daba sus frutos,
La fuente sus aguas de grata frescura.

Bien pronto los rayos del sol se nublaron,
La luna entre brumas veló su semblante;
Secóse la fuente y el árbol nególe,
Al par que su sombra, sus frutos salvajes.

Dejando la sierra buscó en la llanura
De otro árbol el fruto, la luz de otro cielo;
Y a un río profundo de nombre ignorado
Pidióle aguas puras su labio sediento.

¡Ya en vano! Sin tregua siguióle la noche,
La sed que atormenta y el hambre que mata,
¡Ya en vano! Que ni árbol ni cielo ni río
Le dieron su fruto, su luz ni sus aguas.

Y en tanto el olvido, la duda y la muerte
Agrandan las sombras que en torno le cercan,
Allá en lontananza la luz de la vida
Hiriendo sus ojos feliz centellea.

Dichosos mortales a quien la fortuna
Fue siempre propicia ... ¡Silencio, silencio!,
Si veis tantos seres que corren buscando
Las negras corrientes del hondo Leteo.

Die Sonne erwärmte seine finstre Höhle,
Mitleidig bewachte seinen Schlaf der Mond,
Und der Baum der Wildnis gab ihm seine Früchte,
Der Quell seines Wassers erquickende Frische.

Doch bald schon umwölkten sich die Sonnenstrahlen,
Hinter Nebelschleiern barg der Mond sein Antlitz;
Die Quelle versiegte, und der Baum versagte
Ihm nicht nur den Schatten, auch die wilden Früchte.

Das Gebirg verlassend, suchte er im Flachland
Die Frucht andren Baumes, das Licht andren Himmels;
Und an einem tiefen, namenlosen Fluß
Bat um klares Wasser die dürstende Lippe.

Doch vergebens! Ständig folgten ihm das Dunkel,
Der Durst, der ihn martert, und Hunger, der tötet.
Vergebens! Denn weder Baum noch Fluß noch Himmel
Spendeten ihm Früchte, Wasser oder Licht.

Und während Vergessen und Zweifel und Tod
Die Schatten vergrößern, die rings ihn umzingeln,
Blinkt auf in der Ferne dort das Licht des Lebens,
Seine Augen sehrend mit seligem Glanz.

Glückliche ihr, die als Sterbliche beständig
Die Gunst des Geschicks erfahren ... Schweigt still, schweigt,
Wenn ihr seht die Wesen, die vielen, die eilends
Die tiefschwarzen Fluten des Lethestroms suchen.

LOS ROBLES

I

Allá en tiempos que fueron y el alma
Han llenado de santos recuerdos,
De mi tierra en los campos hermosos
La riqueza del pobre era el fuego,
Que al brillar de la choza en el fondo
Calentaba los rígidos miembros,
Por el frío y el hambre ateridos,
Del niño y del viejo.

De la hoguera sentados en torno,
En sus brazos la madre arrullaba
Al infante robusto;
Daba vuelta, afanosa, la anciana
En sus dedos nudosos, al huso,
Y al alegre fulgor de la llama
Ya la joven la harina cernía
O ya desgranaba
Con su mano callosa pequeña
Del maíz las mazorcas doradas.

Y al amor del hogar calentándose
En invierno, la pobre familia
Campesina olvidaba la dura
Condición, de su suerte enemiga,
Y el anciano y el niño, contentos
En su lecho de paja dormían
Como duerme el polluelo en su nido
Cuando el ala materna le abriga.

DIE EICHEN

I

Einst, in den Zeiten, welche die Seele
Mit Bildern frommen Andenkens füllten,
Auf meines Landes lieblichen Feldern,
War der Reichtum des Armen das Feuer,
Das auflodernd im Innern der Hütte
Mit seinem Schein erwärmte die klammen,
Hungergelähmten, froststarren Glieder
Des Kinds und des Greises.

Um die lohende Herdglut gelagert,
Wiegte in Schlaf die Mutter den kräftigen
Kleinsten auf ihren Armen,
Ließ unentwegt die Ahne in ihren
Knotenfingern sich drehen die Spindel,
Und beim fröhlichen Flackern der Flamme
Siebte das junge Mädchen das Mehl,
Oder es entkörnte
Mit seiner kleinen, schwieligen Hand
Die goldschimmernden Kolben des Maises.

Und so im Kreis am Herde sich wärmend,
Vergaß die Kätnersippe im Winter
Die Härte ihres elenden Daseins,
Die ganze Feindlichkeit des Geschicks.
Und der Greis und das Kind schlummerten
Zufrieden ein auf stroherner Bettstatt,
Wie ein Nestling wohl unbesorgt schlummert,
Wenn der Flügel der Mutter ihn schirmt.

II

Bajo el hacha implacable, ¡cuán presto
En tierra cayeron
Encinas y robles!
Y a los rayos del alba risueña,
¡Qué calva aparece
La cima del monte!

Los que ayer fueron bosques y selvas
De agreste espesura,
Donde envueltas en dulce misterio
Al rayar el día
Flotaban las brumas,
Y brotaba la fuente serena
Entre flores y musgos oculta,
Hoy son áridas lomas que ostentan
Deformes y negras
Sus hondas cisuras.

Ya no entonan en ellas los pájaros
Sus canciones de amor, ni se juntan
Cuando mayo alborea en la fronda
Que quedó de sus robles desnuda.
Sólo el viento al pasar trae el eco
Del cuervo que grazna,
Del lobo que aúlla.

III

Una mancha sombría y extensa
Borda a trechos del monte la falda,
Semejante a legión aguerrida
Que acampase en la abrupta montaña

II

Unterm eisernen Axthieb, wie rasch, ach,
Stürzten sie zu Boden,
Steineichen und Eichen!
Und im lächelnd erstrahlenden Frühlicht,
Wie kahl nun erscheint da
Der Gipfel des Berges!

Dort, wo gestern noch Haine und Wälder
Dichter Wildwuchs waren,
Wo umwoben von sanftem Geheimnis
Im dämmernden Morgen
Nebelschwaden schwebten
Und die heitere Quelle entsprang,
Verborgen zwischen Blumen und Moosen,
Sind heut entblößte Rücken, die häßlich
Zur Schau stellen ihre
Schwarz klaffenden Risse.

Nun stimmen keine Vögel mehr ihre
Liebeslieder dort an, und sie paaren
Sich nicht, wenn Mai anbricht, im Gestrüpp,
Das übrigblieb, der Eichen beraubt.
Nur der streunende Wind bringt das Echo
Des Raben, der krächzt,
Des Wolfes, der heult.

III

Ein ausgedehnter, düsterer Fleck
Überdeckt da und dorten den Berghang,
Gleich einer kriegserprobten Heerschar,
Welche auf steiler Höhe kampiert

Lanzando alaridos
De sorda amenaza.

Son pinares que al suelo desnudo
De su antiguo ropaje le prestan,
Con el suyo, el adorno salvaje
Que resiste del tiempo a la afrenta
Y corona de eterna verdura
Las ásperas breñas.

Arbol duro y altivo que gustas
De escuchar el rumor del Océano
Y gemir con la brisa marina
De la playa en el blanco desierto,
¡Yo te amo!, y mi vista reposa
Con placer en los tibios reflejos
Que tu copa gallarda iluminan
Cuando audaz se destaca en el cielo
Despidiendo la luz que agoniza,
Saludando la estrella del véspero.

Pero tú, sacra encina del celta,
Y tú, roble de ramas añosas,
Sois más bellos con vuestro follaje
Que si mayo las cumbres festona
Salpicadas de fresco rocío
Donde quiebra sus rayos la aurora,
Y convierte los sotos profundos
En mansión de gloria.

Más tarde, en otoño,
Cuando caen marchitas tus hojas,
¡Oh roble!, y con ellas
Generoso los musgos alfombras,
¡Qué hermoso está el campo!
¡La selva qué hermosa!

Und Kampfschreie ausstößt,
Voll brodelnder Drohung.

Piniengehölze sind's, die dem nackten,
Seines alten Gewandes beraubten
Boden jetzt ihren wilden Schmuck leihen,
Der widersteht dem schmählichen Ansturm
Der Zeit und krönt mit ewigem Grün
Das schroffe Gefels.

Harter, hochmütiger Baum, der du mit
Lust dem Rauschen des Ozeans lauschst
Und so gern mit der Meerbrise braust
In der weißlichen Wüste des Strandes,
Ich liebe dich, und wonnevoll ruht
Mein Auge auf dem Schimmer, dem milden,
Der deinen stolzen Wipfel erleuchtet,
Wenn er kühn vor dem Himmel emporragt,
Abschied nehmend vom sterbenden Licht,
Grüßend den Abendstern, der da kommt.

Doch du, Steineiche, heilig dem Kelten,
Und du, Eiche mit uralten Ästen,
Ihr seid schöner, voll herrlichen Laubwerks,
Wenn der Mai eure Wipfel erweckt,
Kühl übersprüht mit Tau, der die Strahlen
Der Morgenröte spiegelt und so die
Tiefen Waldungen alle verwandelt
Zur Wohnstatt der Seligkeit.

Später dann, im Herbst,
Wenn welk die Blätter fallen, o Eiche,
Und du sie voll Großmut
Über die Moose breitest als Teppich,
Wie schön ist das Feld!
Und der Wald wie schön!

Al recuerdo de aquellos rumores
Que al morir el día
Se levantan del bosque en la hondura
Cuando pasa gimiendo la brisa
Y remueve con húmedo soplo
Tus hojas marchitas
Mientras corre engrosado el arroyo
En su cauce de frescas orillas . . .
Estremécese el alma pensando
Dónde duermen las glorias queridas
De este pueblo sufrido que espera
Silencioso en su lecho de espinas
Que suene su hora
Y llegue aquel día
En que venza con mano segura,
Del mal que le oprime,
La fuerza homicida.

IV

Torna, roble, árbol patrio, a dar sombra
Cariñosa a la escueta montaña,
Donde un tiempo la gaita guerrera
Alentó de los nuestros las almas,
Y compás hizo al eco monótono
Del canto materno,
Del viento y del agua,
Que en las noches de invierno al infante
En su cuna de mimbre arrullaban.
Que tan bello apareces, ¡oh roble!,
De este suelo en las cumbres gallardas
Y en las suaves, graciosas pendientes
Donde umbrosas se extienden tus ramas,
Como en rostro de pálida virgen
Cabellera ondulante y dorada

Bei der Erinnerung an das Rauschen,
Das beim Tod des Tages
Sich in des Waldes Tiefe erhebt,
Wenn mit Seufzen hindurchstreicht die Brise
Und mit feuchtendem Hauche in deinen
Welken Blättern wühlt,
Während der angeschwollene Bach
Im neu entstandenen Bett dahinströmt,
Erschauert jäh das Herz im Gedanken
An die ersehnte, schlafende Größe
Dieses Volkes, das leidgeprüft, wortlos
In seinem Dornenbett darauf wartet,
Daß die Stunde schlägt,
Daß kommt jener Tag,
Da es besiegt mit sicherer Hand
Des drückenden Übels
Mörderische Macht.

IV

Komm wieder, Eiche, Heimatbaum, freundlich
Schatten spendend dem kargen Gebirge,
Wo einst des Kriegers Dudelsack munter
Ermutigte die Herzen der Unsern
Und den Takt gab von fern dem gesummten
Singsanglied der Mutter,
Des Winds und des Wassers,
Die in den Winternächten einlullten
Den Kleinsten in der Weidenholzwiege.
Denn so schön wirkst du, Eichbaum, auf dieses
Landes herrlichen Gipfeln und auf den
Anmutig sanft sich senkenden Hängen,
Wo schattig deine Zweige sich breiten
Wie auf dem blassen Antlitz des Mädchens
Wogendes, golden schimmerndes Haar,

Que en lluvia de rizos
Acaricia la frente de nácar.

¡Torna presto a poblar nuestros bosques;
Y que tornen contigo las hadas
Que algún tiempo a tu sombra tejieron
Del héroe gallego
Las frescas guirnaldas!

Das in Ringeln rieselnd
Die Perlmuttstirn streichelt.

Schnell, belebe aufs neue die Wälder,
Daß mit dir wiederkehren die Feen,
Die einst in deinem Schatten hier flochten
Dem Helden Galiciens
Frisch blühende Kränze!

Alma que vas huyendo de ti misma,
¿Qué buscas insensata en las demás?
Si secó en ti la fuente del consuelo
Secas todas las fuentes has de hallar.
¿Que hay en el cielo estrellas todavía,
Y hay en la tierra flores perfumadas?
¡Si!, ... mas no son ya aquellas
Que tú amaste y te amaron, desdichada.

Seele, die auf der Flucht ist vor sich selber
– Was suchst du aberwitzig in den anderen?
Ist in dir selbst versiegt der Quell des Trostes,
So wirst du versiegt finden alle Quellen.
　Am Himmel, sagst du, gebe es noch Sterne
Und auf der Erde Blumen voller Duft?
　Ja, doch es sind nicht mehr die, die du liebtest
Und die dich liebten, Unglückselige!

Cuando recuerdo del ancho bosque
El mar dorado
De hojas marchitas que en el otoño
Agita el viento con soplo blando,
Tan honda angustia nubla mi alma,
Turba mi pecho,
Que me pregunto:
– ¿Por qué tan terca,
Tan fiel memoria, me ha dado el cielo?

Denk ich zurück an des weiten Waldes
        Goldenes Meer
Von welken Blättern, welche im Herbst
Der Wind bewegt mit hauchzartem Wehen,
Umwölkt solch tiefe Angst mir die Seele,
        Die Brust verwirrend,
Daß ich mich frag:
                        – Wozu gab der Himmel
Mir solch ein zähes, scharfes Gedächtnis?

Del antiguo camino a lo largo,
Ya un pinar, ya una fuente aparece,
Que brotando en la peña musgosa
Con estrépito al valle desciende
Y brillando del sol a los rayos
Entre un mar de verdura se pierde,
Dividiéndose en limpios arroyos
Que dan vida a las flores silvestres
Y en el Sar se confunden: el río
Que cual niño que plácido duerme,
Reflejando el azul de los cielos
Lento corre en la sombra a esconderse.

No lejos, en soto profundo de robles
En donde el silencio sus alas extiende
Y da abrigo a los genios propicios,
A nuestras viviendas y asilos campestres,
Siempre allí, cuando evoco mis sombras,
O las llamo, respóndenme y vienen.

Dem alten Wege entlang erscheint
Mal ein Pinienhain, mal eine Quelle,
Die entspringt aus moosbedecktem Fels,
Mit Getose hinab in das Tal eilt
Und aufblitzend im Glanze der Sonne
In einem Meer von Grün sich verliert,
Sich zerteilend in lautere Bäche,
Die Leben spenden den wilden Blumen
Und im Sar sich vermischen: dem Fluß,
Der gleich einem Kind, das friedlich schläft,
Die Bläue der Himmel widerspiegelnd,
Langsam ins Schattenversteck entgleitet.

Nicht fern, im tiefen Eichengehölz,
Wo das Schweigen seine Flügel breitet
Und die freundlichen Geister beschirmt,
Unsre Stätten der Zuflucht im Freien,
Da, wann immer ich da meine Schatten
Beschwöre, antworten sie und kommen.

Ya duermen en su tumba las pasiones
El sueño de la nada;
¿Es, pues, locura del doliente espíritu
O gusano que llevo en mis entrañas?

Yo sólo sé que es un placer que duele,
Que es un dolor que atormentando halaga,
Llama que de la vida se alimenta
Mas sin la cual la vida se apagara.

Schon ruhen in ihrem Grab die Leidenschaften,
Träumend den Traum des Nichts.
Ist's also Wahnsinn des erkrankten Geistes
Oder ein Wurm, was tief drin in mir wühlt?

Ich weiß nur, es ist eine Lust, die wehtut;
Es ist Schmerz, dessen Folterqual erquickt;
Zehrende Flamme, die sich nährt vom Leben,
Doch ohne die das Leben selbst erlischt.

Creyó que era eterno tu reino en el alma,
Y creyó tu esencia esencia inmortal,
        Mas si sólo eres nube que pasa,
        Ilusiones que vienen y van,
Rumores del onda que rueda y que muere
Y nace de nuevo y vuelve a rodar,
Todo es sueño y mentira en la tierra,
        ¡No existes, verdad!

Sie glaubte, du herrschtest ewig in der Seele,
Und glaubte, du wärest unsterblichen Wesens.
Aber bist du nur flüchtige Wolke,
Illusionen, die kommen und gehen,
Rumoren der Welle, die rollt und verebbt
Und entsteht aufs neue und weiterrollt,
Ist alles nur Lüge und Traum auf der Erde
– Es gibt dich nicht, Wahrheit!

Ya siente que te extingues en su seno,
Llama vital que dabas
Luz a su espíritu, a su cuerpo fuerzas,
Juventud a su alma.

Ya tu calor no templará su sangre
Por el invierno helada,
Ni harás latir su corazón, ya falto
De aliento y de esperanza.

Será cual astro que apagado y solo
Perdido va por la extensión del cielo,
Mudo, ciego, insensible,
Sin goces ni tormentos.

Sie spürt, daß du erlischst in ihrem Innern,
Lebensflamme, die Licht gab
Ihrem Geist, ihrem Körper seine Kräfte
Und Jugend ihrer Seele.

Von nun an erwärmt deine Hitze nicht mehr
Ihr winterstarres Blut,
Läßt ihr Herz nicht mehr höher schlagen, denn es
Mangelt an Mut und Hoffnung.

Sie wird einem Stern gleichen, der erloschen
Und allein durch die Himmelsweiten irrt,
Stumm, blind, empfindungslos,
Ohne Lust, ohne Qual.

No subas tan alto, pensamiento loco,
Que el que más alto sube más hondo cae,
Ni puede el alma gozar del cielo
Mientras que vive envuelta en la carne.

Por eso las grandes dichas de la tierra
Tienen siempre, por término, grandes catástrofes.

Steig nicht so hoch hinauf, tollkühnes Denken,
Denn wer am höchsten steigt, der fällt am tiefsten;
Und der Geist kann nicht den Himmel genießen,
Während er noch, vom Fleisch umhüllt, hier lebt.

Drum endet jedes große Glück der Erde
Unausweichlich als große Katastrophe.

¡Jamás lo olvidaré! ... De asombro llena
Al escucharlo, el alma refugióse
En sí misma y dudó ... pero al fin, cuando
La amarga realidad, desnuda y triste,
Ante ella se abrió paso, en luto envuelta,
Presenció silenciosa la catástrofe
Cual contempló Jerusalén sus muros
Para siempre entre el polvo sepultados.

¡Profanación sin nombre! Donde quiera
Que el alma humana, inteligente, rinde
Culto a lo grande, a lo pasado culto,
Esas selvas agrestes, esos bosques
Seculares y hermosos, cuyo espeso
Ramaje, abrigo y cariñosa sombra
Dieron a nuestros padres, fueron siempre
De predilecto amor lugares santos
Que todos respetaron.
¡No! En los viejos
Robledales umbrosos, que hacen grata
La más yerma región, y de los siglos
Guardan grabada la imborrable huella
Que en ellos han dejado, ¡nunca, nunca!
Con su acerado filo osada pudo
El hacha penetrar, ni con certero
Y rudo golpe derribar en tierra,
Cual en campo enemigo, el árbol fuerte
De larga historia y de nudosas ramas,
Que es orgullo del suelo que le cría
Con savia vigorosa, y monumento
Que en solo un día no levanta el hombre,
Pues es obra que Dios al tiempo encarga
Y a la madre inmortal naturaleza,
Artista incomparable.

Nie werde ich's vergessen ... Voll Bestürzung
Floh das Herz bei der Nachricht in das eigene
Innere, und es zweifelte ... Doch schließlich,
Als die bittere Wahrheit, nackt und traurig,
Sich Bahn brach bis zu ihm, gewahrte es
Wortlos, in stummem Schmerz, die Katastrophe,
Wie Jerusalem einst seine für immer
In den Staub gesunkenen Mauern wahrnahm.

Unsagbare Entweihung! Wo auch immer
Das Menschenherz weise verehrt das Große,
Das Vergangene klug in Ehren hält,
Waren solch wilde Wälder, solch uralte
Und schöne Haine, deren dichtes Astwerk
Schutz und traulichen Schatten unsern Eltern
Gewährte, allezeit geheiligte
Und besonders geliebte Orte, die ein
Jeder achtete.
                    Nein, in jenes urige
Eichenlaubdämmer, das die dürrste Öde
Lieblich macht und getreu bewahrt die Spuren,
Die die Jahrhunderte, tief eingegraben,
Drin hinterlassen haben – niemals, niemals
Konnte da eindringen mit stählerner
Schneide die verwegene Axt und mit
Sicherem, hartem Schlag zu Boden strecken,
wie im Lager des Feinds, den starken Baum,
Reich an Geschichte und knorrigen Ästen,
Den Baum, welcher der Stolz des Bodens ist,
Der ihn kräftig nährt, und ein Baukunstwerk,
Wie es der Mensch nicht über Nacht errichtet,
Weil es ein Werk ist, mit dem Gott die Zeit
Betraut und die Mutter Natur, die ewige,
Unvergleichliche Künstlerin.

Y sin embargo . . .
Nada allí quedó en pie. Los arrogantes
Cedros de nuestro Líbano, los altos
Gigantescos castaños seculares
Regalo de los ojos, los robustos
Y centenarios robles, cuyos troncos
De arrugas llenos, monstruos semejaban
De ceño adusto y de mirada torva,
Que hacen pensar en ignorados mundos;
Las encinas vetustas, bajo cuyas
Ramas vagaron en silencio tantos
Tercos impenitentes soñadores . . .
¡Todo por tierra y asolado todo!
Ya ni abrigo, ni sombra, ni frescura;
Los pájaros huidos y espantados
Al ver deshecha su morada, el viento
Gimiendo desabrido como gime
En las desiertas lomas donde sólo
Aridos riscos a su paso encuentra;
Los narcisos y blancas margaritas
Que apiñadas brillaban entre el musgo
Cual brillan las estrellas en la altura,
Los lirios perfumados, las violetas,
Los *miósotis*, azules como el cielo,
– Y que bordando la ribera undosa
Recordábanle al triste enamorado
Que de las aguas se sentaba al borde
Aquella dulce frase, ¡siempre inútil,
Mas repetida siempre!: *no me olvides*, –
Todo marchito y sepultado todo
Sin compasión bajo el terrible peso
De los ya inertes troncos. La corriente
Mansa del Sar, entre sus ondas plácidas
Arrastrando en silencio los despojos
Del sagrado recinto, y de la dura
Hacha los golpes resonando huecos,

Und dennoch ...
Nichts blieb dort stehen. Die hochragenden
Zedern unseres Libanons, die mächtigen,
Augenerquickenden Kastanienriesen
Aus der Vorzeit, die rüstigen, uralten
Eichbäume, deren rauhborkige Stämme
Wie Ungeheuer wirkten, wahre Monster
Mit gerunzelter Stirn und finstrem Blick,
An unbekannte Welten uns erinnernd;
Und die Steineichenstorren, unter deren
Gezweig schweigend und schweifend sich so viele
Starrköpfige Träumer ergangen haben ...
Alles niedergemacht, verwüstet alles!
Kein Windschutz mehr, kein Schatten, keine Frische;
Die Vögel fort, entsetzt geflohen angesichts
Ihrer zerstörten Wohnstatt, wo der Wind
Grauenhaft stöhnt, so gräßlich, wie er stöhnt
Auf wüsten, öden Bergrücken, wo nichts als
Schroffe Felsklippen seinem Lauf begegnen;
Die Narzissen und weißen Margeriten,
Die in üppigen Büscheln aus dem Moos
Aufleuchteten, hell wie die Sterne droben;
Die wohlriechenden Lilien, die Veilchen
Und jene himmelblau blickenden Blüten,
Die das wellenbespülte Ufer säumten
Und den Verliebten, der sich traurig an den
Wasserrand setzte, zart erinnerten
An den lieblichen, stets vergeblich, stets aufs
Neue gesagten Satz: *Vergiß mein nicht!* –
Alles welk und erbarmungslos begraben
Alles unter dem schrecklichen Gewicht
Der schon erstorbenen Stämme. Die sanfte
Strömung des Sar schleift schweigend die Reste
Des geweihten Bereichs davon, indes
Auf den friedlichen Wellen widerhallen
Die hart ins Holz krachenden Axthiebe,

Cual suelen resonar los del martillo
Al remachar de un ataúd los clavos ...

Ya en el paraje agreste y escondido
Que tanto hemos amado, ya en el bello
Lugar en donde con afán las almas
Buscaban un refugio, y en alegres
Bandadas, al llegar la primavera
En unión de los pájaros, las gentes
De aire, de flores y de luz ansiosas
Iban a respirar vida y perfumes,
De sus galas más ricas despojado
Hoy se levanta el monasterio antiguo
Como triste esqueleto. Aquel tan grato
Silencio misterioso que envolvía
Los agrietados muros, a regiones
Más dichosas quizás, huyó ligero
En busca de un asilo. Las campanas
De eco vibrante y musical resuenan
De una manera sorda en el vacío
Que sin piedad a su alrededor hicieron
Manos extrañas, y el rumor monótono
De la fuente en el claustro solitario,
Parece sollozar por los jazmines
Que, cual la nieve blancos, las cornisas
Musgosas adornaban, y parece
Triste llamar por la aldeana hermosa
Que lavaba sus lienzos en el agua
Siempre brillante del pilón de piedra
Que el roce de sus manos ha gastado
Y hoy buscan de otra fuente la frescura.

¡Lo vieron y callaron! ... con silencio
Que causa asombro y que contrista el alma ...

Hohltönend wie der Hall von Hammerschlägen,
Welche den Deckel eines Sargs vernageln ...

In der ländlichen und entlegenen
Gegend, die wir so liebten, an der schönen
Stätte, wo voll Begier die Seelen einst
Eine Zuflucht sich suchten und in
Fröhlichen Schwärmen, wenn der Frühling kam
Mit den Vögeln, die Leute herbeiströmten,
Nach Luft, nach Blumen und nach Licht verlangend,
Und Leben atmen wollten, Düfte, hier ...
Hier ragt heut nackt, beraubt des köstlichsten
Prunkkleids, das alte Kloster noch empor
Wie ein tristes Gerippe. Jene wohltuend
Geheimnisvolle Stille, die das morsche
Gemäuer einst umfing, entfloh vielleicht
In freundlichere Zonen, auf der Suche
Nach einer sicheren Bleibe. Die Glocken
Mit dem bebenden, herrlich schwebenden
Echo tönen nur dumpf noch in der Leere,
Die fremde Hände grausam rings umher
Gerissen, und das eintönige Rauschen
Des Brunnenstrahls in dem einsamen Kreuzgang
Scheint zu schluchzen, um die Jasmine trauernd,
Welche, weiß wie der Schnee, die moosbedeckten
Kranzgesimse einst schmückten, und es scheint
Voller Wehmut zu rufen nach dem schönen
Dorfmädchen, das sein Linnen früher wusch
Im immerglitzernden Wasser des Steintrogs,
Den die reibenden Hände abnutzten,
Welche heut einen andern Quellstrahl suchen.

Alle sahen's und schwiegen! ... Ein Stillschweigen,
Das Staunen erregt und das Herz betrübt ...

Si allá donde entre rosas y claveles
Arrastra el Turia sus revueltas ondas,
Nuestras manos talasen los jardines
Que plantaron los suyos y aman ellos,
Su labio, al rostro, de desprecio llenas
Una tras otra injuria nos lanzaran,
– ¡Bárbaros! – exclamando.
Y si dijésemos
Que rosas y claveles perfumados
No valdrán nunca, pese a su hermosura,
Lo que un campo de trigo, y allí en donde
Las flores compitieran con las bellas,
Arrastrando el arado, la amarilla
Mies con afán sembráramos
– Mezquinos
Aún más que torpes son – prorrumpirían
Los fieros hijos del jardín de España
Con rudo enojo levantando el grito.

Mas nosotros si talan nuestros bosques
Que cuentan siglos, ... ¡quedan ya tan pocos!,
Y ajena voluntad su imperio ejerce
En lo que es nuestro, cosas de la vida
Nos parecen, quizás, vanas y fútiles
Que a nadie ofenden ni a ninguno importan
Si no es al que las hace, a soñadores
Que sólo entienden de llorar sin tregua
Por los vivos y muertos ... y aun acaso
Por las hermosas selvas que sin duelo
Indiferente el leñador destruye.

Pero qué, ... alguno exclamará indignado
Al oír mis lamentos. – ¿Por ventura
La inmensa torre del reloj se ha hundido
Y no hay quien señale nuestras horas
Soñolientas y tardas como el eco

Wenn drüben, wo der Turia zwischen Rosen
Und Nelken sich dahinwälzt, unsre Hände
Jene Gärten verwüsten wollten, welche
Die Leute von dort anlegten und lieben,
Würde ihr Mund voll Wut uns eine Flut
Der schlimmsten Schmähworte ins Gesicht schleudern,
»Barbaren!« brüllend.
Und wenn wir erklären
Würden, daß Rosen und duftende Nelken
Niemals, trotz ihrer Schönheit, so viel wert
Seien wie ein Feld voller Weizen, und wir
Dort, wo die Blumen mit den Hübschen wetteifern,
Den Pflug hindurchziehen und gelbes Korn
Eifrig aussäen wollten ...
»Raffzähne,
Geistlose Geizhälse!« würden uns da
Die wilden Kinder des Gartens von Spanien
Schelten, in einen Schrei des Zorns ausbrechend.

Doch wir, wenn sie verwüsten unsre Wälder,
Die Jahrhunderte zählen – und von denen
So wenige noch da sind! –, wenn ein fremder
Wille hier bei uns Herr spielt, nehmen wir's
Einfach hin, als wär's etwas Unvermeidliches,
Etwas, das keinen kränkt und keiner ernst nimmt,
Außer dem, der es tut, und ein paar Träumern,
Die nichts können als weinen, unaufhörlich,
Um die Lebenden und die Toten ... und
Vielleicht gar um die schönen Wildnisse,
Die der Holzfäller kaltblütig zerstört.

»Aber was denn ...?« wird erbost einer rufen,
Wenn er mein Jammern hört. »Ist denn vielleicht
Der gewaltige Turm der Kirchuhr eingestürzt
Und niemand da, der uns die Stunden angibt,
Die schläfrig späten, wie der rauhe Hall

Bronco de su campana formidable?
¿O en mis haciendas penetrando acaso
Osado criminal, ha puesto fuego
A las extensas eras? ¿Por qué gime
Así importuna esa mujer?
Yo inclino
La frente al suelo y contristada exclamo
Con el Mártir del Gólgota . . . *perdónales,*
Señor, porque no saben lo que dicen,
Mas, ¡oh Señor!, a consentir no vuelvas
Que de la helada indiferencia el soplo
Apague la protesta en nuestros labios,
Que es el silencio hermano de la muerte
Y yo no quiero que mi patria muera,
Sino que como Lázaro, ¡Dios bueno!,
Resucite a la vida que ha perdido,
Y con voz alta, que a la gloria llegue,
Le diga al mundo que Galicia existe,
Tan llena de valor cual tú la has hecho,
Tan grande y tan feliz cuanto es hermosa.

Seiner mächtigen Glocke es getan?
Oder ist etwa ein frecher Verbrecher
In mein Gut eingedrungen und hat Feuer
Gelegt auf den vollen Tennen? Was soll das
Lästige Flennen dieser Frau?«
Ich senke
Die Stirn zu Boden und rufe betrübt
Mit dem Opfer von Golgatha: *Vergib*
Ihnen, Herr; sie wissen nicht, was sie tun.
Aber, o Herr, laß nie wieder es zu,
Daß der Hauch eisiger Gleichgültigkeit
Auslöscht den Protestschrei auf unsern Lippen;
Denn das Verschweigen ist Bruder des Todes,
Und ich will nicht, daß meine Heimat stirbt,
Sondern daß sie wie Lazarus, o guter
Gott, erwache vom Tod zu neuem Leben
Und mit neuer Stimme, die Ruhm erlange,
Es der Welt sage, daß Galicien lebt,
So voll Mut, so voll Wert, wie du's geschaffen,
Und so groß und so glücklich, wie es schön ist.

I

Unos con la calumnia le mancharon,
Otros falsos amores le han mentido,
Y aunque dudo si algunos le han querido
De cierto sé que todos le olvidaron.

Solo sufrió, sin gloria ni esperanza,
Cuanto puede sufrir un ser viviente,
¿Por qué le preguntáis qué amores siente
Y no qué odios alientan su venganza?

II

Si para que se llene y se desborde
El inmenso caudal de los agravios,
Quieren que nunca hasta sus labios llegue
        Más que el duro y amargo
Pan que el mendigo con dolor recoge
        Y ablanda con su llanto,
Sucumbirá por fin, como sucumben
        Los buenos y los bravos,
Cuando en batalla desigual les hiere
La mano del cobarde o del tirano.

Y ellos entonces vivirán dichosos
        Su victoria cantando,
Como el cárabo canta en su agujero
        Y la rana en su charco.
Mas en tanto ellos cantan … – ¡muchedumbre
Que nace y muere en los paternos campos
Siempre desconocida y siempre estéril! –
Triste la patria seguirá llorando,
        Siempre oprimida y siempre
De la ruindad y la ignorancia pasto.

I

Manche verschrieen sie mit üblen Phrasen,
Andre haben ihr Liebe vorgelogen,
Ein paar, mag sein, die waren ihr gewogen,
Doch sicher ist, daß alle sie vergaßen.

Ruhmlos und hoffnungslos, in Einsamkeit,
Litt sie, soviel ein Leben leiden kann.
Was fragt ihr sie nach ihrer Liebe dann,
Statt nach dem Haß, der in ihr Rache schreit?

II

Wenn man, damit das Maß der Kränkung voll wird,
Das Unmaß all der Schmähung überläuft,
Drauf dringt, daß nichts an ihre Lippen kommt,
        Nichts als das harte, bittre
Brot, das der Bettler jämmerlich erwirbt
        Und mit Tränen erweicht,
So unterliegt sie schließlich, unterliegend
        Wie jene guten Streiter,
Die in ungleichem Kampf getroffen werden,
Von der Hand eines Feiglings oder Zwingherrn.

Und die anderen leben fröhlich weiter,
        Ihren Triumph besingend,
So gellend, wie der Kauz in seinem Loch singt,
        Der Frosch in seiner Pfütze,
Aber während sie singen – Menschenmasse,
Die zur Welt kommt und stirbt auf ihrem Erbstück,
Als immer undankbare, öde Menge –,
Wird in Trauer die Heimat weiterweinen,
        Stets unterdrückt und stetig
Abgegrast von der Dummheit und der Niedertracht.

En su cárcel de espinos y rosas
Cantan y juegan mis pobres niños,
Hermosos seres desde la cuna
Por la desgracia ya perseguidos.

En su cárcel se duermen soñando
Cuán bello es el mundo cruel que no vieron,
Cuán ancha la tierra, cuán hondos los mares,
Cuán grande el espacio, qué breve su huerto.

Y le envidian las alas al pájaro
Que traspone las cumbres y valles,
Y le dicen: – ¿Qué has visto allá lejos
Golondrina que cruzas los aires?

Y despiertan soñando, y dormidos
          Soñando se quedan
Que ya son la nube flotante que pasa,
O ya son el ave ligera que vuela
Tan lejos, tan lejos del nido, cual ellos
De su cárcel ir lejos quisieran.

– ¡Todos parten!, exclaman. – ¡Tan sólo,
Tan sólo nosotros nos quedamos siempre!
¿Por qué quedar, madre, por qué no llevarnos
Donde hay otro cielo, otro aire, otras gentes?

Yo en tanto bañados mis ojos, les miro
Y guardo silencio pensando: – En la tierra
¿Adónde llevaros, mis pobres cautivos,
Que no hayan de ataros las mismas cadenas?
Del hombre, enemigo del hombre, no puede
Libraros, mis ángeles, la egida materna.

In ihrem Gefängnis aus Dornen und Rosen,
Da singen und spielen meine armen Kinder,
Schöne, von Leben erfüllte Wesen,
Die von der Wiege an das Unglück verfolgt.

In ihrem Gefängnis liegen sie und träumen,
Wie schön die rohe Welt sei, die sie nie sahen,
Wie weit die Erde, wie tief die Meere,
Wie groß der Himmelsraum und wie klein ihr Garten.

Und sie neiden die Flügel dem Vogel,
Der sich frei über Gipfel und Täler schwingt,
Und sie fragen ihn: »Was sahst du denn da drüben,
Schwalbe du, die schweifend durch die Lüfte schwirrt?«

Träumend wachen sie auf, und schlafen sie ein,
Träumen sie noch immer,
Sie seien die vorüberschwebende Wolke,
Oder sie seien nunmehr der flinke Vogel,
Der so weit, so weit fortfliegt vom Nest, wie sie sich
Gern entfernen würden von ihrem Gefängnis.

»Alle gehen fort!« rufen sie. »Wir allein,
Nur wir allein bleiben immer hier!
Warum, Mutter, führst du uns nicht dorthin, wo es
Andre Luft gibt, andren Himmel, andre Leute?«

Ich schaue sie dabei an, mit feuchten Augen,
Schweige und denke: – Auf der Erde, wohin da
Euch bringen, meine armen Gefangenen,
Daß man euch nicht an die gleichen Ketten legt?
Vor dem Menschen, dem Feind des Menschen, kann euch,
Meine Engel, die Mutterliebe nicht retten.

Ya no mana la fuente, se agotó el manantial;
Ya el viajero allí nunca va su sed a apagar.

Ya no brota la yerba, ni florece el narciso,
Ni en los aires esparcen su fragancia los lirios.

Sólo el cauce arenoso de la seca corriente
Le recuerda al sediento el horror de la muerte.

¡Mas no importa! A lo lejos otro arroyo murmura
Donde humildes violetas el espacio perfuman.

Y de un sauce el ramaje, al mirarse en las ondas
Tiende en torno del agua su fresquísima sombra.

El sediento viajero que el camino atraviesa
Humedece los labios en la linfa serena
Del arroyo que el árbol con sus ramas sombrea,
Y dichoso se olvida de la fuente ya seca.

Der Brunnen sprudelt nicht mehr, schon versiegt ist die Quelle;
Nie wieder wird der Wandrer den Durst dort stillen können.

Kein frisches Gras ersprießt mehr, keine Narzisse blüht,
Und in der Luft verströmen die Lilien keinen Duft.

Das ausgedörrte Sandbett der Strömung, die verrauscht ist,
Erinnert nun den Dürstenden nur an das Todesgrauen.

Doch was macht's! In der Ferne plätschert ein andrer Bach,
Wo bescheidene Veilchen die Weite süß durchwürzen.

Und Gezweig einer Weide, in den Wellen sich spiegelnd,
Breitet rings um das Wasser wundersam kühlen Schatten.

Der Wandersmann, der dürstend auf dem Wege daherkommt,
Befeuchtet seine Lippen an dem heiteren Naß
Des Baches, den der Baum da mit den Zweigen beschattet,
Und ganz beglückt, vergißt er den Brunnen, der versiegt ist.

Cenicientas las aguas, los desnudos
Arboles y los montes cenicientos,
Parda la bruma que los vela y pardas
Las nubes que atraviesan por el cielo;
Triste, en la tierra, el color gris domina,
¡El color de los viejos!

De cuando en cuando de la lluvia el sordo
Rumor suena, y el viento
Al pasar por el bosque
Silba o finge lamentos
Tan extraños, tan hondos, tan dolientes
Que parece que llaman por los muertos.

Seguido del mastín, que helado tiembla,
El labrador envuelto
En su capa de juncos cruza el monte;
El campo está desierto,
Y tan sólo en los charcos que negrean
Del ancho prado entre el verdor intenso
Posa el vuelo la blanca gaviota
Mientras graznan los cuervos.

Yo desde mi ventana,
Que azotan los airados elementos,
Regocijada y pensativa escucho
El discorde concierto
Simpático a mi alma ...
¡Oh, mi amigo el invierno!
Mil y mil veces bien venido seas,
Mi sombrío y adusto compañero.
¿No eres acaso el precursor dichoso
Del tibio marzo y del abril risueño?
¡Ah, si el invierno triste de la vida

Aschgrau alle Gewässer, die entblößten
Baumgestalten und Berge, alle aschgrau,
Graubraun der Dunst, der sie verschleiert, graubraun
Die Wolken, die über den Himmel jagen;
Traurig herrscht auf der Erde jetzt das Grau,
Die Farbe alles Alten!

Hin und wieder ertönt das dumpfe Rauschen
Des Regens, und der Wind,
Wenn er den Wald durchweht,
Pfeift oder gibt sich klagend,
Mit so seltsamem, tiefem, leiderfülltem
Geheul, als riefe da wer nach den Toten.

Gefolgt vom großen Hütehund, der fröstelt,
Stapft der Bauer, vermummt
In seinem Binsenumhang, übern Berg.
Die Landschaft ist verlassen,
Und nur wo schwarz im starken, weitgedehnten
Grün der Matten die Wasserlachen blinken,
Lassen sich weiß die Möwenflügel nieder,
Unterm Gekrächz der Raben.

Und ich an meinem Fenster,
Das die erzürnten Elemente peitschen,
Lausche entzückt, in Gedanken versunken,
Diesem Mißklangkonzert,
Das meiner Seele zusagt ...
O Winter, du mein Freund!
Sei tausendfach und tausendfach willkommen,
Mein finsterer, mein düsterer Genosse.
Bist du denn etwa nicht der Glücksvorbote
Des milden März, des lächelnden April?
Ach, wenn der traurige Winter des Lebens

Como tú de las flores y los céfiros
También precursor fuera de la hermosa
Y eterna primavera de mis sueños! . . .

Doch auch wie du der blütenduftverheißende,
Zephyrkündende Vorbote des schönen,
Ewigen Frühlings meiner Träume wäre! . . .

I

Era la última noche,
La noche de las tristes despedidas,
Y apenas si una lágrima empañaba
Sus serenas pupilas.
Como el criado que deja
Al amo que le hostiga,
Arreglando su hatillo murmuraba
Casi con la emoción de la alegría:

–¡Llorar! ¿Por qué? Fortuna es que podamos
Abandonar nuestras humildes tierras;
El duro pan que nos negó la patria,
Por más que los extraños nos maltraten,
No ha de faltarnos en la patria ajena.

Y los hijos contentos se sonríen,
Y la esposa, aunque triste, se consuela
Con la firme esperanza
De que el que parte ha de volver por ella.
Pensar que han de partir, ése es el sueño
Que da fuerza en su angustia a los que quedan;
¡Cuánto en ti pueden padecer, oh patria,
Si ya tus hijos sin dolor te dejan!

II

Como a impulsos de lenta
Enfermedad, hoy cien, y cien mañana,
Hasta perder la cuenta,
Racimo tras racimo se desgrana.

Palomas que la zorra y el milano
A ahuyentar van, del palomar nativo

I

Es war die letzte Nacht,
Die Nacht des traurigen, vielfachen Abschieds,
Aber fast keine Träne trübte seine
Klaren, gefaßten Augen.
Wie der Knecht, der den Dienstherrn
Verläßt, welcher ihn prügelt,
Murmelte er, sein Bündel schnürend, leise,
Als erfüllte ihn ein Gefühl der Freude:

– Weinen? Weshalb? Es ist ein Glück, daß wir
Unsre kargen Felder verlassen können.
Das harte Brot, das uns die Heimat vorenthielt,
Wird uns, so übel sich die Fremden geben
Mögen, in unsrem neuen Land nicht fehlen.

Und seine Kinder lächelten zufrieden,
Und die Frau, traurig zwar, tröstete sich
Mit der standhaften Hoffnung,
Daß der, der fortgeht, heimkommt, sie zu holen.
Selbst einmal aufzubrechen, ist der Traum,
Der die, die bleiben, stärkt in ihrer Angst.
Ach, wieviel Leid bescherst du, Heimat, deinen
Kindern, daß sie dich tränenlos verlassen!

II

Wie gedrängt von verdrießlich
Zäher Krankheit, heut hundert, und im Lauf
Von morgen hundert, schließlich
Zahllos, löst Traube um Traube sich auf.

Tauben, vom Milan und vom Fuchs gehetzt,
Verlassen den Schlag – ihr Zuhaus zeitlebens –,

Parten con el afán del fugitivo,
Y parten quizá en vano.

Pues al posar el fatigado vuelo
Acaso en el confín de otra llanura,
Ven agostarse el fruto que madura
Y el águila cerniéndose en el cielo.

Schwirren auf, flattern davon, entsetzt,
Und fliehn vielleicht vergebens.

Denn landen sie, erschöpft vom Flug, verworren,
Auf fremdes Feld im Schwarm herniederschauernd,
Sehn sie vielleicht die Frucht, die reift, verdorren
Und am Himmel den Adler kreisen, lauernd.

¡VOLVED!

I

Bien sabe Dios que siempre me arrancan tristes lágrimas
Aquellos que nos dejan,
Pero aún más me lastiman y me llenan de luto
Los que a volver se niegan.

¡Partid, y Dios os guíe!, ... pobres desheredados,
Para quienes no hay sitio en la hostigada patria;
Partid llenos de aliento en pos de otro horizonte,
Pero ... volved más tarde al viejo hogar que os llama.

Jamás del extranjero el pobre cuerpo inerte,
Como en la propia tierra en la ajena descansa.

II

Volved, que os aseguro
Que al pie de cada arroyo y cada fuente
De linfa transparente
Donde se reflejó vuestro semblante,
Y en cada viejo muro
Que os prestó sombra cuando niños érais
Y jugábais inquietos,
Y que escuchó más tarde los secretos
Del que ya adolescente
O mozo enamorado
En el soto, en el monte y en el prado,
Donde quiera que un día
Os guió el pie ligero, ...
Yo os lo digo y os juro
Que hay genios misteriosos

KEHRT WIEDER!

I

Gott weiß, welch bittre Tränen mir's in die Augen treibt,
Sehe ich die, die fortgehn.
Doch noch trauriger machen mich jene, die sich weigern,
Je wieder heimzukehren.

Brecht auf, und Gott sei mit euch, ... arme Enterbte ihr,
Für die kein Platz mehr da ist in der geplagten Heimat.
Brecht auf und strebt nur mutig nach andren Horizonten,
Aber ... kehrt wieder, später, zum Stammherd, der euch ruft.

Nie kann der Leib des Fremdlings, sein armer, toter Körper,
In der Fremde so ruhen wie in der eignen Erde.

II

Kehrt wieder, denn ich wette:
An jedem Bach, an einer jeden Quelle,
Wo sich in klarer Welle
Je euer Angesicht gespiegelt hat;
An jeder Schattenstätte,
Im Schutz der alten Mauer, wo ihr spieltet
Als Kinder, nimmermatt,
An jeder Wand, die hörte, was ihr fühltet
Heimlich, vor einer Schwelle,
Beim ersten Liebesahnen;
Im Wäldchen, auf dem Berg, auf Weidebahnen,
An einer jeden Stelle,
Wo euer vielgereister
Fuß einstmals war, ich wette,
Wohnen geheime Geister,

Que os llaman tan sentidos y amorosos
Y con tan hondo y dolorido acento
Que hacen más triste el suspirar del viento
Cuando en las noches del invierno duro
De vuestro hogar que entristeció el ausente,
Discurren por los ámbitos medrosos,
Y en las eras sollozan silenciosos,
        Y van del monte al río
Llenos de luto y siempre murmurando:
        ¡Partieron!... ¿Hasta cuándo?
¡Qué soledad! ¿No volverán, Dios mío?
. . . .
. . . .

Tornó la golondrina al viejo nido
Y al ver los muros y el hogar desierto,
Preguntóle a la brisa – ¿Es que se han muerto?
Y ella en silencio respondió: – ¡Se han ido
        Como el barco perdido
Que para siempre ha abandonado el puerto!

Die euch rufen, so liebevoll, so zart,
Und in so dringlich schmerzenstiefer Art,
Daß das Gestöhn des Winds noch trister wirkt,
Wenn sie bei Nacht in bittrem Frost als Kette,
Welche die leere Herdstatt leicht umzirkt,
Sich ruhlos drehn in grausig stillem Kreise
Und auf den Tennen schluchzen leise, leise,
        Und dann vom Berg hernieder
Zum Fluß ziehn, ständig murmeln, traurig, bange:
        Fort sind sie! ... Ach, wie lange?
Mein Gott, wie einsam! Kehren sie nie wieder?
. . . .
. . . .

Die Schwalbe kehrte heim zum alten Hort,
Und als die Augen leere Mauern trafen,
Frug sie den Wind: – Sind alle denn entschlafen?
Und der gab leis die Antwort: – Sie sind fort,
        Wie ein Schiff, das den Port
Verließ und dann verscholl, fern seinem Hafen!

Camino blanco, viejo camino,
Desigual, pedregoso y estrecho,
Donde el eco apacible resuena
Del arroyo que pasa bullendo,
Y en donde detiene su vuelo inconstante,
        O el paso ligero,
De la fruta que brota en las zarzas
Buscando el sabroso y agreste alimento,
        El gorrión adusto,
        Los niños hambrientos,
        Las cabras monteses
        Y el perro sin dueño ...
Blanca senda, camino olvidado,
¡Bullicioso y alegre otro tiempo!
Del que, solo y a pie, de la vida
Va andando su larga jornada, más bello
Y agradable a los ojos pareces
Cuanto más solitario y más yermo.
  Que al cruzar por la ruta espaciosa
Donde lucen sus trenes soberbios
Los dichosos del mundo, descalzo,
Sudoroso y de polvo cubierto,
¡Qué extrañeza y profundo desvío
Infunde en las almas el pobre viajero!

Sandweißer Weg, altvertrauter Weg,
Steinig und schmal, auf und ab sich windend,
Wo gelassen widerhallt das Rauschen
Des Bachs, der wirbelnd vorübereilt,
Und wo, innehaltend in unstetem Flug
        Oder flinkem Gang,
Nach der schwarzen Frucht des Dornenstrauches suchen,
Nach der köstlichen, wildgewachsenen Waldkost,
        Der ruppige Sperling,
        Die hungrigen Kinder,
        Die Steinböcke und der
        Herrenlose Hund . . .
Sandweißer Pfad, vergessener Weg,
Einst voll wimmelnden, lustigen Treibens!
Dem, der auf dir, einsam und zu Fuß,
Seines Lebens langen Tagesmarsch zurücklegt,
Scheinst du um so lieblicher und schöner,
Je verlassener und je öder du bist.
   Denn wenn er die breite Straße kreuzt,
Auf der die Glückskinder dieser Welt
Sich mit ihrem Troß stolz zur Schau stellen;
Wenn er barfuß, schwitzend, staubbedeckt
Auftaucht – welch Befremden und welch tiefen Abscheu
Erregt da bei allen der elende Wanderer!

Aún parece que asoman tras del Miranda altivo
De mayo los albores, ¡y pasó ya setiembre!
Aún parece que torna la errante golondrina,
Y en pos de otras regiones ya el raudo vuelo tiende.

Ayer flores y aromas, ayer canto de pájaros
Y mares de verdura y de doradas mieses;
Hoy nubes que sombrías hacia Occidente avanzan,
El brillo del relámpago y el eco del torrente.

Pasó, pasó el verano, rápido como pasa
Un venturoso sueño del amor en la fiebre,
Y ya secas las hojas en las ramas desnudas
Tiemblan descoloridas esperando la muerte.

¡Ah!, cuando en esas noches tormentosas y largas
La luna brille a intérvalos sobre la blanca nieve,
¡De cuántos, que dichosos ayer la contemplaron,
Alumbrarán la tumba sus rayos transparentes!

Noch scheint es so, als schimmre hinterm stolzen Miranda
Ein Maimorgen auf, wo doch September schon vorbei ist!
Noch scheint es so, als kehrte heim die schweifende Schwalbe,
Wo sie doch andren Zonen schon wild entgegenschwirrt.

Gestern Blüten und Düfte, gestern Gesang von Vögeln
Und Meere frischen Grünens, goldner Getreidefelder;
Heut Wolken, die in Massen düster nach Westen treiben;
Das Gleißen eines Blitzstrahls und das Echo des Sturzbachs.

Vorbei, vorbei der Sommer, so geschwind, wie im Fieber
Ein Traum von glückerfüllter Liebe vorübergeht;
Und schon zittern die Blätter verwelkt an kahlen Zweigen,
Warten verfärbt und schauernd auf den nahenden Tod.

Ach, wenn im Wettertoben der endlos langen Nächte
Der Mond dann, hin und wieder, aufs weiße Schneeland scheint
– Wie vielen, die noch gestern beseligt nach ihm schauten,
Wird er das Grab bescheinen mit seinen klaren Strahlen?

Cerrado capullo de pálidas tintas,
Modesta hermosura de frente graciosa,
¿Por quién has perdido la paz de tu alma?
¿A quién regalaste la miel de tu boca?

A quien te detesta quizás, y le causan
Enojo tus labios de cándido aroma,
Porque busca la rosa encendida
Que abre al sol de la tarde sus hojas.

Geschlossene Knospe von noch blasser Tönung,
Bescheidene Schönheit mit reizender Stirn,
Durch wen denn verlorst du den Frieden der Seele,
Wem hast du den Honig deines Munds geschenkt?

Dem, der dich verschmäht vielleicht, und den verdrießt
Das reine Aroma deiner Kindeslippen,
Weil er die entflammte Rose sucht, die rot
Der Nachmittagsglut ihre Kronblätter öffnet.

En sus ojos rasgados y azules
Donde brilla el candor de los ángeles,
Ver creía la sombra siniestra
            De todos los males.

En sus anchas y negras pupilas,
Donde luz y tinieblas combaten,
Ver creía el sereno y hermoso
Resplandor de la dicha inefable.

Del amor espejismos traidores,
            Risueños, fugaces, . . .
Cuando vuestro fulgor sobrehumano
Se disipa . . . ¡qué densas! . . . ¡qué grandes
Son las sombras que envuelven las almas
A quienes con vuestros reflejos cegásteis!

In ihren schmalen, blauen Mandelaugen,
Aus denen die Unschuld der Engel leuchtet,
Glaubte er den finsteren Schatten aller
  Übel zu gewahren.

In ihren weiten und schwarzen Pupillen,
Wo Licht und Finsternis im Streite liegen,
Glaubte er den klaren und heiter schönen
Abglanz des unsagbaren Glücks zu sehen.

Luftige Trugspiegelungen der Liebe,
  Verheißungsvoll und flüchtig ...
Wenn euer übermenschlich heller Glanz
Zerstiebt ... wie dicht, wie groß sind da die Schatten,
Die dann in Dunkel hüllen jene Seelen,
Die ihr mit eurem Schein geblendet habt!

Fue cielo de su espíritu, fue sueño de sus sueños,
Y vida de su vida, y aliento de su aliento;
Y fue, desde que rota cayó la venda al suelo,
Algo que mata el alma, y que envilece el cuerpo.

De la vida en la lucha perenne y fatigosa,
Siempre el ansia incesante y el mismo anhelo siempre;
Que no ha de tener término sino cuando cerrados
Ya duerman nuestros ojos el sueño de la muerte.

Er war der Himmel ihres Geistes, Traum ihrer Träume
Und Leben ihres Lebens und Atem ihres Atems.
Und er war, seit die Binde zerrissen abfiel, etwas,
Das die Seele ermordet und den Körper erniedrigt.

In dem beständigen und mühsamen Kampf des Lebens
Immer die Angst, nie endend, dieselbe Sehnsucht immer;
Denn sie nimmt nie ein Ende, eh unsre Augen nicht,
Fest geschlossen für immer, den Schlaf des Todes schlafen.

– Te amo . . . ¿por qué me odias?
– Te odio . . . ¿por qué me amas?
Secreto es éste el más triste
Y misterioso del alma.

Mas ello es verdad . . . ¡Verdad
Dura y atormentadora!
– Me odias, porque te amo,
Te amo, porque me odias.

– Ich lieb dich ... Was haßt du mich?
– Ich haß dich ... Was liebst du mich?
Ein Rätsel, das traurigste,
Geheimnisvollste der Seele.

Aber es ist Wahrheit ... Harte,
Grausam peinigende Wahrheit!
– Du haßt mich, weil ich dich liebe;
Ich lieb dich, weil du mich haßt.

Nada me importa, blanca o negra mariposa,
Que dichas anunciándome o malhadadas nuevas,
En torno de mi lámpara o de mi frente en torno
Os agitéis inquietas.

La venturosa copa del placer para siempre
Rota a mis pies está,
Y en la del dolor llena, . . . ¡llena hasta desbordarse!,
Ni penas ni amarguras pueden caber ya más.

Mir ist es gleich, du weißer oder schwarzer
Schmetterling, welches Glück, welches neue Unheil
Du mir ansagst, indem du meine Lampe
        Oder Stirne umflatterst.

Der Glücksbecher der Lust, zerscherbt für immer,
        Liegt er vor meinen Füßen,
Und in den Krug des Grams – randvoll schon! – geht
Kein Leid mehr, keine Bitternis hinein.

Muda la luna y como siempre pálida
Mientras recorre la azulada esfera,
        Seguida de su séquito
        De nubes y de estrellas,
Rencorosa despierta en mi memoria
Yo no sé qué fantasmas y quimeras.

Y con sus dulces misteriosos rayos
Derrama en mis entrañas tanta hiel
Que pienso con placer que ella, la *eterna*
        Ha de pasar también.

Stumm und wie immer blaß, erweckt der Mond,
Während er durchs fahlblaue Himmelsrund
Zieht, gefolgt vom Zug
Seiner Wolken und Sterne,
Mißmutig in meinem Gedächtnis weiß nicht
Was für Gespenster, was für Traumgespinste.

Und mit sanften, geheimnisvollen Strahlen
Senkt er mir soviel Eis ins Herz, daß ich mit
Lust daran denke, daß auch er, der *ewige*,
Einmal vergehen muß.

Nos dicen que se adoran la aurora y el crepúsculo,
Mas entre el sol que nace y el que triste declina
Medió siempre el abismo que media entre la cuna
Y el sepulcro en la vida.

Pero llegará un tiempo quizás, cuando los siglos
No se cuenten y el mundo por siempre haya pasado,
En el que nunca tornen tras de la noche el alba
Ni se hunda entre las sombras del sol el tibio rayo.

Si de lo eterno entonces en el mar infinito
Todo aquello que ha sido ha de vivir más tarde,
Acaso alba y crepúsculo, si en lo inmenso se encuentran,
En uno se confundan para no separarse.

Para no separarse ... ¡Ilusión bienhechora
De inmortal esperanza, cual las que el hombre inventa!
¿Mas quién sabe si en tanto hacia su fin caminan,
Como el hombre los astros con ser eternos sueñan?

Es heißt, daß Morgenröte und Abenddämmerung
Innig einander lieben; aber zwischen der Sonne,
Die kommt, und der, die traurig versinkt, klafft stets der Abgrund,
Der die Wiege vom Grab trennt.

Doch es kommt vielleicht einmal die Zeit, wo die Jahrhunderte
Nicht zählen und das Weltall vergangen ist für immer;
Wo nie mehr Nacht und Frühe in stetem Wechsel kreisen,
Nie im Dunkel versinken der Sonne milde Strahlen.

Wenn im endlosen Meere zeitloser Dauer dann
Alles, was einst gewesen, künftiges Leben ist,
Werden Morgen und Abend, im Ewigen sich findend,
Vielleicht in eins verschmelzen, um sich nie mehr zu trennen.

Um sich nie mehr zu trennen … Wohltuend schönes Wunschbild
Nie erlöschender Hoffnung, wie der Mensch sich's erfindet!
Doch wer weiß, ob die Sterne auf dem Weg in den Untergang
Wie der Mensch davon träumen, daß sie unsterblich seien?

Una sombra tristísima, indefinible y vaga,
Como lo incierto siempre ante mis ojos va,
Tras de otra vaga sombra que sin cesar la huye,
        Corriendo sin cesar.
Ignoro su destino, ... mas no sé por qué temo,
        Al ver su ansia mortal,
Que ni han de parar nunca, ni encontrarse jamás.

Ein tieftrauriger Schatten, unbestimmbar und vage,
Huscht als das Unfaßbare immer vor meinen Augen,
Haschend nach andrem Schatten, der unaufhörlich flieht,
        Forthastend unaufhörlich.
Ich kenne nicht ihr Schicksal . . . Weiß nicht, weshalb ich fürchte,
        Daß sie, so sehnlich rasend,
Nie innehalten können, niemals zusammenkommen.

LAS CANCIONES QUE OYÓ LA NIÑA

Una

Tras de los limpios cristales
Se agitaba una blanca cortina,
Y adiviné que tu aliento
Perfumado la movía.

Sola estabas en tu alcoba,
Y detrás de la tela blanquísima
Te ocultabas, ¡cruel!, a mis ojos, ...
Mas mis ojos te veían.

Con cerrojos cerraste la puerta,
Pero yo penetré en tu aposento
A través de las gruesas paredes
Cual penetran los espectros;
Porque no hay para el alma cerrojos,
Angel de mis pensamientos.

Codicioso admiré tu hermosura,
Y al sorprender los misterios
Que a mis ojos velabas, ... ¡perdóname!,
Te estreché contra mi seno.

Mas ... me ahogaba el aroma purísimo
Que exhalabas de tu pecho,
Y hube de soltar mi presa
Lleno de remordimiento.

Te seguiré adonde vayas
Aunque te vayas muy lejos,
Y en vano echarás cerrojos
Para guardar tus secretos;

DIE LIEDER, DIE DAS MÄDCHEN HÖRTE

Eines

Hinter den blitzblanken Scheiben
Regte sich heimlich ein weißer Vorhang,
Und ich ahnte, daß der Dufthauch
Deines Atems ihn bewegte.

Du warst allein in der Kammer,
Und hinterm hellweißen Stoff entzogst du,
Grausame, dich meinen Augen ... Aber
Meine Augen sahen dich.

Mit Riegeln versperrtest du die Türe,
Doch ich drang in dein Schlafgemach ein,
Ging durch die dicken Wände hindurch,
Wie Gespenster ins Haus dringen;
Denn für die Seele gibt's keine Riegel,
Du Engel meiner Gedanken.

Gierig bestaunte ich deine Schönheit,
Und jählings alles entdeckend,
Was du vor mir geheimhieltst – verzeih mir! –,
Drückte ich dich an mein Herz.

Doch ganz benommen vom reinen Duft,
Welcher deiner Brust entströmte,
Ließ ich meine Beute fahren,
Zwanghaft, von Reue befallen.

Ich folge dir, wo du hingehst,
So weit du auch gehen magst.
Umsonst schiebst du Riegel vor,
Um dein Geheimnis zu wahren;

Porque no impedirá que mi espíritu
Pueda llegar hasta ellos.

Pero ... ya no me temas, bien mío,
Que aunque sorprenda tu sueño
Y aunque en tanto estés dormida
A tu lado me tienda en tu lecho,
Contemplaré tu semblante
Mas no tocaré tu cuerpo,
Pues lo impide el aroma purísimo
Que se exhala de tu seno.
Y como ahuyenta la aurora
Los vapores soñolientos
De la noche callada y sombría,
Así ahuyenta mis malos deseos.

Otra

Hoy uno y otro mañana
Rodando, rodando el mundo,
Si cual te amé no amaste todavía
Al fin ha de llegar el amor tuyo.

¡Y yo no quiero que llegue! ...
Ni que ames nunca cual te amé a ninguno;
Antes que te abras de otro sol al rayo
Véate yo secar fresco capullo.

Denn dies verhindert nicht, daß mein Geist
Bis zu ihm gelangen kann.

Aber ... hab keine Angst mehr, mein Schatz;
Denn selbst wenn ich dich im Schlummer
Überrasche, oder gar,
Während du schläfst, mich neben dich lege,
Will ich dein Gesicht betrachten,
Doch deinen Leib nicht berühren,
Weil dies der reine Duft mir verwehrt,
Welcher deiner Brust entströmt.
Und so wie die Morgenröte
Jene einschläfernden Schwaden
Des nächtlich stillen Dunkels verscheucht,
So verscheucht er meine bösen Wünsche.

Ein anderes

Heut einer, morgen ein andrer;
Es dreht und dreht sich die Welt.
Hast du noch nie geliebt, wie ich dich liebte ...
Am End kommt irgendwer, dem du verfällst.

Und ich will nicht, daß er kommt;
Daß du je einen liebst, wie ich dich mochte;
Daß du dich öffnest dem Strahl fremder Sonne ...
Lieber will ich sehn, daß du welkst als Knospe!

LA CANCIÓN QUE OYÓ EN SUEÑOS EL VIEJO

A la luz de esa aurora primaveral, tu pecho
Vuelve a agitarse ansioso de glorias y de amor.
¡Loco!, ... corre a esconderte en el asilo oscuro
Donde ya no penetra la viva luz del sol.

Aquí tu sangre torna a circular activa,
Y tus pasiones tornan a rejuvenecer, ...
Huye hacia el antro en donde aguarda resignada
Por la infalible muerte la implacable vejez.

Sonrisa en labio enjuto, hiela y repele a un tiempo;
Flores sobre un cadáver, causan al alma espanto:
Ni flores, ni sonrisas, ni sol de primavera
Busques cuando tu vida llegó triste a su ocaso.

DAS LIED,
DAS DER ALTE IM TRAUME HÖRTE

Bei diesem frühlingsfrohen Morgenrot regt erneut sich
In deiner Brust die Sehnsucht nach Glück und Ruhm und Liebe.
Narr du! ... Hau ab, versteck dich in dem dunklen Asyl,
Dort, wo niemals mehr eindringt das Lebenslicht der Sonne.

Hier fängt dein Blut aufs neue kräftig zu kreisen an,
Und deine Leidenschaften verjüngen sich mit Macht ...
Flieh in die Höhle, wo das unerbittliche Alter
Schicksalsergeben wartet auf den sicheren Tod.

Lächeln von dürren Lippen macht frieren und stößt ab,
Blumen auf einem Leichnam füllen das Herz mit Grauen:
Keine Blumen, kein Lächeln, kein Frühlingsleuchten suche,
Wenn dein Leben voll Trauer schon dem Untergang nah ist.

I

Su ciega y loca fantasía corrió arrastrada por el vértigo,
Tal como arrastra las arenas el huracán en el desierto.

Y cual halcón que cae herido en la laguna pestilente,
Cayó en el cieno de la vida, rotas las alas para siempre.

Mas aun sin alas cree o sueña que cruza el aire, los espacios,
Y aun entre el lodo se ve limpio cual de la nieve el copo blanco.

II

No maldigáis del que ya ebrio corre a beber con nuevo afán;
Su eterna sed es quien le lleva hacia la fuente abrasadora,
Cuanto más bebe a beber más.

No murmuréis del que rendido ya bajo el peso de la vida
Quiere vivir y aun quiere amar;
La sed del beodo es insaciable, y la del alma lo es aún más.

III

Cuando todos los velos se han descorrido
Y ya no hay nada oculto para los ojos,
Ni ninguna hermosura nos causa antojos,
Ni recordar sabemos que hemos querido,

I

Seine blinde Wahnphantasie wurde fortgerissen vom Taumel,
Wie die Sandkörner fortgerissen werden vom Orkan in der Wüste.

Und wie ein Falke, der verwundet in das pestende Sumpfloch fällt,
Stürzte er in den Schlamm des Lebens, die Flügel gebrochen für immer.

Doch auch noch ohne Flügel meint er, träumt er, durch die Lüfte zu segeln,
Und selbst im Morast hält er sich für so rein wie die weiße Schneeflocke.

II

Flucht nicht über den, der betrunken trinken will mit neuer Begierde.
Sein ewiger Durst ist es, der ihn hindrängt zum Soge, um so mehr
Zu trinken, je mehr er getrunken.

Lästert nicht über den, der unter der Lebenslast zusammenbrach
Und noch leben, noch lieben will.
Der Durst des Trunkenen ist unstillbar, der des Herzens noch unersättlicher.

III

Wenn alle Schleier längst schon gelüftet sind,
Es für die Augen nichts mehr Verborgnes gibt,
Keine Schönheit als Schauer uns überrinnt
Und wir gar nicht mehr wissen, was wir geliebt,

Aún en lo más profundo del pecho helado,
Como entre las cenizas la chispa ardiente,
Con sus puras sonrisas de adolescente
Vive oculto el fantasma del bien soñado.

Lebt auf dem tiefsten Grund der vereisten Brust,
Wie unterm Aschenhaufen das Glutgefunkel,
Mit seinem reinen Lächeln, kaum halb bewußt,
Noch das Gespenst des Traumglücks heimlich im Dunkel.

En el alma un pensamiento,
Una duda, un pesar,
Tan grandes como el ancho firmamento,
Tan hondos como el mar.

De su alma en lo más árido y profundo
Fresca brotó de súbito una rosa
Como brota una fuente en el desierto,
O un lirio entre las grietas de una roca.

Im Herzen drin ein Gedanke,
        Ein Zweifel, kummerschwer,
Sich weitend wie der Himmel, ohne Schranke,
        Abgrundtief wie das Meer.

Da, aus des Herzens dürrster Tiefe dringt
Auf einmal ans Licht eine frische Rose,
Wie ein Quell aus dem Wüstengrund entspringt,
Eine Lilie aus schroffstem Felsenschoße.

Cuando en las nubes hay tormenta
Suele también haberla en su pecho,
Mas nunca hay calma en él, aun cuando
La calma reine en tierra y cielo;
Porque es entonces cuando torvos
Cual nunca riñen sus pensamientos.

Tobt in den Wolken ein Gewitter,
Wettert's meist auch in ihrer Brust;
Aber nie herrscht Stille in ihr,
Selbst wenn Erde und Himmel still sind;
Denn schrecklicher als je entbrennt dann
Der wilde Streit ihrer Gedanken.

Desbórdanse los ríos si engrosan su corriente
Los múltiples arroyos que de los montes bajan,
Y cuando de las penas el caudal abundoso
Se aumenta con los males perennes y las ansias,
¿Cómo contener, cómo, en el labio la queja?
¿Cómo no desbordarse la cólera en el alma?

Die Flüsse quellen über, wenn ihre Flut geschwellt wird
Vom Andrang all der Bäche, die von den Bergen stürzen;
Und wenn die Wassermassen der versammelten Qualen
Steigen durch immer neue Leiden und Sehnsuchtsängste
– Wie da verhalten, wie denn, auf der Lippe die Klage?
Wie da die Wut im Herzen am Überquellen hindern?

Busca y anhela el sosiego . . .
Mas . . . ¿quién le sosegará?
Con lo que sueña despierto
Dormido vuelve a soñar.
Que hoy, como ayer, y mañana
Cual hoy en su eterno afán
De hallar el bien que ambiciona
– Cuando sólo encuentra el mal –
Siempre a soñar condenado
Nunca puede sosegar.

Sie sucht, sie ersehnt die Ruhe ...
Aber ... wer wird sie ihr schenken?
Wovon sie im Wachen träumt,
Erträumt sie wieder im Schlafe.
Denn heut wie gestern und morgen
Wie heut im ewigen Drang,
Das erstrebte Gut zu finden
– Wo sie nur aufs Übel stößt –,
Bleibt sie zum Träumen verdammt,
Kann niemals zur Ruhe kommen.

¡Aturde la confusa gritería
Que se levanta entre la turba inmensa!
Ya no saben qué quieren, ni qué piden,
Mas embriagados de soberbia, buscan
Un ídolo o una víctima a quien hieran.

Brutales son sus iras,
Y aun quizás más brutales sus amores;
No provoquéis al monstruo de cien brazos,
Como la ciega tempestad terrible,
Ya ardiente os ame o fríamente os odie.

Betäubend gellt das verworrne Geschrei,
Das aus der Menschenmasse sich erhebt.
Sie wissen nicht mehr, was sie wollen, was sie
Fordern, doch hochmutstrunken suchen sie
Einen Götzen oder ein Schlachtopfer.

Brutal sind sie im Zorn,
Und noch brutaler vielleicht in der Liebe.
Reizt das hundertarmige Untier nicht,
Das wie der blinde Sturmwind gräßlich wütet,
Ob's nun heiß euch liebt oder kalt euch haßt.

Cuando sopla el Norte duro
Y arde en el hogar el fuego,
Y ellos pasan por mi puerta
Flacos, desnudos y hambrientos,
El frío hiela mi espíritu
Como debe helar su cuerpo,
Y mi corazón se queda
Al verles ir sin consuelo,
Cual ellos opreso y triste,
Deconsolado cual ellos.

Era niño y ya perdiera
La costumbre de llorar,
La miseria seca el alma
Y los ojos además:
Era niño y parecía
Por sus hechos viejo ya.

Experiencia del mendigo,
Eres precoz como el mal,
Implacable como el odio,
Dura como la verdad.

Wenn der steife Nordwind weht
Und im Herd das Feuer flackert
Und sie hager, nackt und hungrig
An meiner Türe vorbeiziehn,
Gefriert vor Kälte mein Geist,
Wie ihnen der Leib gefriert.
Und mein Herz wird, wenn es sieht,
Wie sie trostlos weitergehen,
Gleich ihnen bedrückt und traurig,
So trostverlassen wie sie.

Ein Kind war es, und das hatte
Bereits das Weinen verlernt:
Elend läßt nicht nur die Seele,
Läßt auch die Augen verdorren.
Ein Kind war's, und sein Gebaren
Ließ das Kind als Greis erscheinen.

Erfahrung des Bettlerlebens,
Du bist frühreif wie das Böse,
Unerbittlich wie der Haß,
Genauso hart wie die Wahrheit.

De la vida entre el múltiple conjunto de los seres,
No, no busquéis la imagen de la eterna belleza,
Ni en el contento y harto seno de los placeres,
Ni del dolor acerbo en la dura aspereza.

Ya es átomo impalpable o inmensidad que asombra,
Aspiración celeste, revelación callada:
La comprende el espíritu y el labio no la nombra,
Y en sus hondos abismos la mente se anonada.

Nein, nicht im Leben, nicht in der Vielfalt seiner Wesen
Solltet ihr nach dem Inbild ewiger Schönheit suchen;
Nicht auf dem Grund der Lüste, in wonnesatten Schößen,
Nicht in Qualen und Nöten, die zum Dulden verfluchen.

Mal ist sie Flimmerstäubchen, mal schreckensgroß, ein Brennen
Himmelhohen Verlangens, stumme Wahrtraumgesichte:
Der Geist kann sie erfassen, doch die Lippe nicht nennen.
In ihre Tiefen stürzend, wird der Verstand zunichte.

I

Quisiera, hermosa mía,
A quien aun más que a Dios amo y venero,
Ciego creer que este tu amor primero,
Ser por mi dicha el último podría.
Mas ...
– ¡Qué! ¡Gran Dios, lo duda todavía!

– ¡Oh!, virgen candorosa,
¿Por qué no he de dudarlo al ver que muero
Si aun viviendo también lo dudaría?

– Tu sospecha me ofende,
Y tanto me lastima y me sorprende
Oírla de tu labio,
Que pienso llegaría
A matarme lo injusto del agravio.

– ¡A matarla! ¡La hermosa criatura
Que apenas cuenta quince primaveras! ...
¡Nunca! ... ¡Vive, mi santa, y no te mueras!

– Mi corazón, de asombro y dolor llenas.
– ¡Ah!, siento más tus penas que mis penas.
– ¿Por qué, pues, me hablas de morir?
– ¡Dios mío!
¿Por qué ya del sepulcro el viento frío
Lleva mi nave al ignorado puerto?

– ¡No puede ser! ... Mas oye: ¡vivo o muerto,
Tú solo, y para siempre! ... te lo juro.

– No hay por qué jurar; mas si tan bello
Sueño al fin se cumpliera, sin enojos
Cerrando en paz los fatigados ojos,

I

Gern würd ich, meine Schöne,
Die ich liebe und mehr als Gott verehre,
Blind glauben, deine erste Liebe wäre
Die letzte auch, die mir nur ewig fröne,
Doch ...
– Großer Gott! Noch immer Zweifelstöne!

– O Jungfrau, arglos nette,
Willst du, daß ich im Sterben mir verwehre
Den Zweifel, den ich weiterlebend hätte?

– Dein Argwohn kränkt, verletzt.
Es tut so weh, dies hören, sowas jetzt,
Jetzt und aus deinem Mund,
Daß ich meine, ich ging'
Am Unrecht dieser Schmähung noch zugrund.

– Zugrund gehn! Dieses schöne junge Ding,
Das doch noch keine fünfzehn Lenze zählt! ...
Nein! Meine Heilge, lebe unverquält!

– Mir ist, als wolltest du mein Herz zermahlen.
– Dein Leiden schmerzt mich mehr als meine Qualen.
– Warum sprichst du mir dann vom Sterben?
– Kind!
Warum treibt denn der kalte Grabeswind
Jetzt schon zum unbekannten Port mein Boot?

– Nein! Nicht! ... Doch hör: Lebendig oder tot,
Nur du, für immer! ... Ja, ich schwör es dir.

– Schwör nicht! Doch wenn solch schöner Traum sich mir
Erfüllen sollte; wenn sich ohne Verdrießen
Meine erschöpften Augen friedlich schließen,

Fuera a esperarte a mi sepulcro oscuro,
Pero . . . es tan inconstante y tan liviano
El flaco y débil corazón humano
Que lo pienso, alma mía, y te lo digo,
Serás feliz más tarde o más temprano.

Y en tanto ella llorando protestaba,
Y él sonriendo, irónico y sombrío,
En sus amantes brazos la estrechaba,
Cantaba un grillo en el vecino muro,
          Y cual mudo testigo,
La luna, que en el cielo se elevaba,
          Sobre ambos reflejaba
Su fulgor siempre casto y siempre amigo.

II

De polvo y fango nacidos
Fango y polvo nos tornamos:
¿Por qué, pues, tanto luchamos
Si hemos de caer vencidos?

Cuando esto piensa humilde y temerosa,
          Como tiembla la rosa
          Del viento al soplo airado,
Tiembla y busca el rincón más ignorado
Para morir en paz si no dichosa.

III

Los astros son innúmeros, al cielo
          No se le encuentra fin,
Y este pequeño mundo que habitamos,

Warte ich auf dich an der dunklen Tür.
Aber . . . so unstet, den Launen hingegeben,
Ist das menschliche Herz, das schwache, zage,
Daß ich denke, mein Schatz, was ich dir sage:
Irgendwann wirst du neues Glück erleben.

Und während sie Tränen des Zorns vergoß
Und er lächelnd, ironisch und voll Trauer,
Sie in seine liebenden Arme schloß,
Sang eine Grille in der Nachbarmauer,
        Und als stummen Zeugen
Sah man den Mond die Himmelshöh ersteigen,
        Und die beiden umfloß
Sein strahlend keusches, stetig mildes Schweigen.

II

        Aus Morast und Staub geboren,
        Werden wir Staub und Morast.
        Wozu dann die Kampfeshast,
        Wenn eh aller Kampf verloren?

Bedenkt sie das in Demut und voll Furchtsamkeit,
        Zittert sie, wie beim Streit
        Wütenden Winds die Rose,
Flüchtet sich zitternd tief ins Aussichtslose,
Um in Ruh zu sterben, wenn nicht in Seligkeit.

III

Die Sterne sind unzählbar, und der Himmel
        Endet nirgends und nie,
Und diese kleine Welt, die wir bewohnen

Y que parece un punto en el espacio,
Inmenso es para mí.

Después . . . tantos y tantos
Cual las arenas del profundo mar,
Seres que nacen a la vida y seres
Que sin parar su rápida carrera
Incierta siempre, vienen o se van.

Que se van o se mueren, esta duda
Es en verdad cruel,
Pero ello es que nos vamos o nos dejan
Sin saber si después de separarnos
Volveremos a hallarnos otra vez.

IV

Y como todo al cabo
Tarde o temprano en este mundo pasa,
Lo que al principio eterno parecía
Dio término a la larga.

¿Le mataron acaso, o es que se ha muerto
De suyo aquello que quedara aún vivo?
Imposible es saberlo, como nadie
Sabe al quedar dormido
En qué momento ha aprisionado el sueño
Sus despiertos sentidos.

Und die nichts als ein Punkt im Weltall scheint,
Ist grenzenlos für mich.

Und dann ... die Wesen alle,
Wie Sandkörner des tiefen Meers, so viele,
Wesen, die zum Leben erwachen, Wesen,
Die in raschem, ewiglich ungewissem
Wechsellauf immer kommen oder gehen.

Ob sie gehn oder sterben, dieser Zweifel,
Er ist wahrhaftig grausam;
Denn wir gehen, oder man läßt uns bleiben,
Ohne daß wir wissen, ob wir nach der
Trennung uns einmal wiederfinden werden.

IV

Und da alles, sei's später
Oder früher, auf dieser Welt vergeht,
Ist all das, was am Anfang ewig schien,
Schließlich einmal zu Ende.

Hat man's getötet, oder ist von selbst
Gestorben, was da noch lebendig war?
Nie werden wir's erfahren, weil ja niemand
Weiß, wenn er eingeschlafen,
In welchem Augenblick der Schlaf wohl seine
Wachen Sinne in Haft nahm.

V

¿Que cuándo le ha olvidado?
¿Quién lo recuerda en la mudable vida,
Ni puede asegurar si es que la herida
Del viejo amor con otro se ha curado?

¡Transcurrió el tiempo! – inevitable era
Que transcurriese – y otro amante vino
A hacerse cauteloso su camino
Por donde el muerto amante ya lo hiciera.

VI

De pronto el corazón con ansia extrema,
Mezclada a un tiempo de placer y espanto,
Latió mientras su labio murmuraba:
¡No, los muertos no vuelven de sus antros!

El era y no era él, mas su recuerdo,
Dormido en lo profundo
Del alma, despertóse con violencia,
Rencoroso y adusto.

– No soy yo, ¡pero soy!, murmuró el viento,
Y vuelvo, amada mía,
Desde la eternidad para dejarte
Ver otra vez mi incrédula sonrisa.

– ¡Aún has de ser feliz!, te dije un tiempo,
Cuando me hallaba al borde de la tumba,
Aún has de amar; y tú con fiero enojo
Me respondiste: ¡Nunca!

V

Wann sie ihn denn vergaß?
Wer kann im Lebenstrubel das noch wissen;
Wer sagen, daß die Wunde, einst gerissen,
Wirklich dank neuer Liebe noch genas?

Die Zeit verstrich – es war ihr ja geboten
Zu verstreichen –, und sieh, ein andrer kam,
Der sich verliebte und behutsam nahm
Den Weg der Liebe, einst gebahnt vom Toten.

VI

Plötzlich pochte das Herz vor heißer Sehnsucht,
In der Wonne und Entsetzen sich mischten,
Während die Lippen murmelten: Nein, niemals
Kehren die Toten heim aus ihren Höhlen!

Er war's und war nicht er, doch sein Erinnern,
Das da schlief in der Tiefe
Der Seele, es erwachte jäh und heftig
Mit rachsüchtigem Groll.

– Ich bin nicht ich, doch bin ich!, schnob der Wind,
Und ich komme, Geliebte,
Aus der Ewigkeit her, um dich noch einmal
Sehn zu lassen mein ungläubiges Lächeln.

›Neues Glück gibt's für dich!‹, sagte ich einst
Zu dir, als ich am Rand des Grabes war.
›Du wirst aufs neue lieben!‹ Und empört
Gabst du zur Antwort: ›Niemals.‹

– ¡Ah! ¿Del mudable corazón has visto
Los recónditos pliegues?,
Volví a decirte, y tú llorando a mares
repetiste: – Tú solo, y para siempre.

Después era una noche como aquellas,
Y un rayo de luna, el mismo acaso
Que a ti y a mí nos alumbró importuno,
Os alumbraba a entrambos.

Cantaba un grillo en el vecino muro
Y todo era silencio en la campiña;
¿No te acuerdas, mujer? Yo vine entonces,
Sombra, remordimiento o pesadilla.

Mas tú engañada recordando al muerto,
Pero también del vivo enamorada,
Te olvidaste del cielo y de la tierra
Y condenaste el alma.

Una vez, una sola,
Aterrada volviste de ti misma,
Como para sentir mejor la muerte
De la cima a caer vuelve la víctima.

Y aun entonces, ¡extraño cuanto horrible
Reflejo del pasado!,
El abrazo convulso de tu amante
Te recordó, mujer, nuestros abrazos.

¡Aún has de ser feliz!, te dije un tiempo,
Y me engañé; no puede
Serlo quien lleva la traición por guía
Y a su sombra mortífera se duerme.

›Ach! Hast du nicht gesehn, wie wankelmütig
Das Herz im Grunde ist?‹
Wiederholte ich; aber du beteuertest
Unter Tränenströmen: ›Nur du, für immer.‹

Dann kam eine Nacht, eine Nacht wie einst,
Und ein Mondstrahl, vielleicht ein und derselbe,
Welcher zur Unzeit dich und mich beschien,
Überglänzte euch beide.

Eine Grille sang in der Nachbarmauer,
Und Stille herrschte rings im weiten Feld.
Erinnerst du dich nicht mehr, Frau? Ich kam
Damals, als Schatten, Reue oder Albtraum.

Doch du, bestrickt, dich des Toten erinnernd,
Aber zugleich doch verliebt in den Lebenden,
Vergaßest den Himmel mitsamt der Erde
Und gabst die Seele preis.

Einmal, ein einzig Mal,
Schrecktest du vor dir selbst zurück, wie wenn
Das Opfer, um den Tod noch mehr zu fühlen,
Noch einmal an den Rand des Abgrunds tritt.

Und selbst da – wie entsetzlich all der Widerschein
Dessen, was einst gewesen!
Die rasende Umarmung deines Liebhabers
Mahnte dich, Weib, an unsere Umarmungen.

›Neues Glück gibt's für dich!‹, sagte ich einst
Und täuschte mich; denn glücklich
Kann nicht sein, wer Verrat betreibt
Und in seinem tödlichen Schatten schläft.

¡Aún has de amar!, te repetí, y amaste,
Y protector asilo
Diste desventurada a una serpiente
En aquel corazón que fuera mío.

Emponzoñada estás, odios y penas
Te acosan y persiguen,
Y yo casi con lástima contemplo
Tu pecado y tu mancha irredimibles.

¡Mas vengativo, al cabo yo te amaba
Ardientemente, yo te amo todavía!
Vuelvo para dejarte
Ver otra vez mi incrédula sonrisa.

›Du wirst aufs neue lieben!‹, sprach ich, und du
Liebtest, gabst Schutz und Zuflucht,
Unglückselige Närrin, einer Schlange
In dem Herzen, das einmal mir gehörte.

Vergiftet bist du, Haßgefühle und Qualen
Drängen und hetzen dich;
Und fast kommt mir das Mitleid, wenn ich deine
Unerlösbare Schuld und Schmach betrachte.

Rachsüchtig wie ich bin, hab ich dich doch
Glühend geliebt und liebe dich noch immer!
Ich komme, dich noch einmal
Sehn zu lassen mein ungläubiges Lächeln.

I

En mi pequeño huerto
Brilla la sonrosada margarita.
Tan fecunda y humilde,
Como agreste y sencilla.

Ella borda primores en el césped,
Y finge maravillas
Entre el fresco verdor de las praderas
Do proyectan su sombra las encinas,
Y a orillas de la fuente y del arroyo
Que recorre en silencio las umbrías.

Y aun cuando el pie la huella, ella revive
Y vuelve a levantarse siempre limpia,
A semejanza de las almas blancas
Que en vano quiere ennegrecer la envidia.

II

Cuando llega diciembre y las lluvias abundan,
Ellas con las acacias tornan a florecer,
Tan puras y tan frescas y tan llenas de aroma
Como aquellas que un tiempo con fervor adoré.

¡Loca ilusión la mía es en verdad, bien loca
Cuando mi propia mano honda tumba les dio!
¡Y ya no son aquellas en cuyas hojas pálidas
Deposité mis besos!, . . . ni yo la misma soy.

I

In meinem kleinen Garten
Schimmert das rosenrote Gänseblümchen,
So üppig und bescheiden,
So wildwüchsig und schlicht.

Es bestickt aufs entzückendste den Rasen
Und bildet Zaubermuster
Im frisch wuchernden Grün der Weidewiesen,
Wo die Steineichen ihren Schatten werfen,
Und am Ufer des Quellteichs und des Baches,
Der verschwiegen durch Dämmertäler fließt.

Und tritt der Fuß es nieder, lebt es auf
Und erhebt sich wieder, beständig rein,
gleich jenen weißen, fleckenlosen Seelen,
Welche der Neid vergebens schwärzen will.

II

Wenn Dezember herankommt und reichlich Regen fällt,
Erblühen sie noch einmal, mit den Akazienbäumen,
So lauter, frisch und munter und voller Wohlgeruch
Wie jene, die ich früher mit solcher Inbrunst liebte.

Wahnhaftes Hoffen ist es, ich weiß, ein irres Wunschbild,
Wo ich doch eigenhändig sie tief begraben habe!
Es sind nicht mehr die Blümchen, deren zartblasse Blüten
Ich mit Küssen bedeckte! ... Auch ich bin nicht dieselbe.

Todas las campanas con eco pausado
        Doblaron a muerto,
Las de la basílica, las de las iglesias,
        Las de los conventos,
Desde el alba hasta la entrada de la noche
No cesó el funeral clamoreo:
        ¡Qué pompa! ¡Qué lujo!
        ¡Qué fausto! ¡Qué entierro!

Pero no hubo ni adioses ni lágrimas,
Ni suspiros en torno del féretro, . . .
¡Grandes voces sí que hubo!, . . . y cantáronle,
Cuando le enterraron, un *requiem* soberbio.

Alle Glocken schallten mit langsamem Hall
    Beim Trauergeläut:
Die von der Basilika, von den andren Kirchen,
    Von sämtlichen Klöstern;
Vom dämmernden Morgen bis zum Dunkelwerden
Hörte nicht auf das Leichengelärme.
    Welch ein Pomp und Prunk!
    Welch ein Prachtsbegräbnis!

Doch gab es kein Abschiednehmen, keine Tränen,
Kein Seufzen, kein Stöhnen an der Bahre ...
Große Töne, ja, die gab es! ... Und man sang ihm,
Als sie ihn begruben, ein herrliches Requiem.

Siente unas lástimas,
¡Pero qué lástimas! . . .
Y tan extrañas y hondas ternuras, . . .
¡Pero qué extrañas!

Llora a mares por ellos,
Les viste la mortaja
Y les hace las honras . . .
Después de que los mata.

Er empfindet schon Mitleid,
Aber was für ein Mitleid! ...
Und solch sonderbar zarte, tiefe Rührung ...
Aber so sonderbar!

Arg beweint er die Leute,
Hüllt sie ins Leichenhemd,
Erweist ihnen die Ehre ...,
Nachdem er sie getötet.

De la noche en el vago silencio,
Cuando duermen o sueñan las flores,
Mientras ella, despierta, combate
Contra el fuego de ocultas pasiones,
Y de su ángel guardián el auxilio
Implora invocando piadosa su nombre,
El de ayer, el de hoy, el de siempre,
Fiel amigo del mal,
                    Mefistófeles,
En los hilos oculto del lino
Finísimo y blanco cual copo de espuma
En donde ella aún más blanca reclina
        La cabeza rubia,
Así astuto y sagaz, al oído
De la hermosa, en silencio, murmura:

»Goza aquél de la vida, y se ríe
Y peca sin miedo del hoy y el mañana
Mientras tú con ayunos y rezos
Y negros terrores tus horas amargas.

Si del hombre la vida en la tumba
        ¡Oh, bella!, se acaba,
¡Qué profundo y cruel desengaño,
        Qué chanza pesada
        Te juega la suerte,
        Le espera a tu alma!«

In der schweifenden Stille der Nacht,
Wenn die Blumen schlafen oder träumen,
Indessen sie noch wachliegt und ankämpft
Gegen das Feuer heimlicher Leidenschaften
Und den Beistand ihres Schutzengels erfleht,
Fromm ihn anrufend bei seinem Namen,
Macht der von gestern, von heut, von immer,
Der getreue Freund des Bösen,
                    Mephistopheles,
Verborgen in dem Bettzeug aus feinstem,
Gischtflockenweißem Leinengewebe,
Auf dem, noch blasser, ihr blonder Kopf
        Zurückgelehnt ruht,
Sich schlau und hinterlistig ans Ohr
Der Schönen heran und flüstert unhörbar:

»Jener Kerl, ja der genießt das Leben, lachend,
Sündigt ohne Furcht vor dem Heut und dem Morgen,
Während du dir mit Fasten und Beten
Und schwarzen Ängsten deine Stunden verbitterst.

Wenn das Leben des Menschen im Grab,
        O Schöne, zu End ist
– Welch tiefe und grausame Enttäuschung!
        Wie gröblich genarrt,
        Vom Schicksal gefoppt
        Ist da deine Seele!«

A la sombra te sientas de las desnudas rocas,
Y en el rincón te ocultas donde zumba el insecto,
Y allí donde las aguas estancadas dormitan
Y no hay hermanos seres que interrumpan tus sueños.
¡Quién supiera en qué piensas, amor de mis amores,
Cuando con leve paso y contenido aliento,
Temblando a que percibas mi agitación extrema,
Allí donde te escondes, ansiosa te sorprendo!

– ¡Curiosidad maldita!, frío aguijón que hieres
Las femeninas almas, los varoniles pechos,
Tu fuerza impele al hombre a que busque la hondura
Del desencanto amargo y a que remueva el cieno
Donde se forman siempre los mïasmas infectos.

– ¿Qué has dicho de amargura y cieno y desencanto?
¡Ah!, no pronuncies frases, mi bien, que no comprendo,
Dime sólo en qué piensas cuando de mí te apartas
Y huyendo de los hombres vas buscando el silencio.

– Pienso en cosas tan tristes a veces y tan negras,
Y en otras tan extrañas y tan hermosas pienso,
Que ... no lo sabrás nunca, porque lo que se ignora
No nos daña si es malo ni perturba si es bueno.
Yo te lo digo, niña, a quien de veras amo,
Encierra el alma humana tan profundos misterios,
Que cuando a nuestros ojos un velo los oculta
Es temeraria empresa descorrer ese velo;
No pienses, pues, bien mío, no pienses en qué pienso.

– Pensaré noche y día, pues sin saberlo muero.

Y cuenta que lo supo, y que la mató entonces
        La pena de saberlo.

Du setzt dich in den Schatten, unter die nackten Felsen,
Verbirgst dich in dem Winkel, wo das Insekt umhersummt
Und wo die gestauten Wasser im Dämmerschlummer dösen,
Wo kein verwandtes Wesen unterbricht deine Träume.
Wer doch wüßte, woran du denkst, du mein Allerliebster,
Wenn ich mit leichtem Schritte und angehaltnem Atem,
Bangend, du könntest spüren meine wilde Erregung,
Dich in deinem Verstecke sehnsüchtig überrasche!

– Verdammte Neugier! Kalter Stachel du, der verletzend
In die weiblichen Seelen, in die Mannesbrust eindringt!
Deine Macht drängt den Menschen, zutiefst die allerbitterste
Entzauberung zu suchen und den Schlamm zu durchwühlen,
In dem sich stets die üblen, krankhaften Dünste bilden.

– Was redest du von Bitterkeit, Schlamm und Entzauberung?
Ach, sag nicht solche Sätze, Schatz, die ich nicht verstehe.
Verrate mir nur, was du denkst, wenn du von mir fortgehst
Und, vor den Menschen flüchtend, einsam die Stille aufsuchst.

– Ich denke an so traurige, so schwarze Dinge manchmal,
Und an andere, die so seltsam, so wunderschön sind,
Daß ... du sie nie erfahren wirst; denn was man nicht weiß,
Schadet nicht, wenn es bös ist, verwirrt nicht, wenn es gut ist.
Ich sag dir, Mädchen, das ich von ganzem Herzen liebe,
Die Menschenbrust, die Seele, birgt so tiefe Geheimnisse,
Daß es, wenn sie ein Schleier verbirgt vor unsren Augen,
Toll und vermessen wäre, diesen Schleier zu lüften.
Denk also nicht, Schatz, denke nicht an das, was ich denke.

– Tag und Nacht muß ich's, denn ich sterbe, wenn ich's nicht weiß.

Und es heißt, sie erfuhr es und ging danach zugrunde
An der Qual, es zu wissen.

Cuido una planta bella
Que ama y busca la sombra
Como la busca un alma
Huérfana, triste, enamorada y sola,
Y allí donde jamás la luz del día
Llega sino a través de las umbrosas
Ramas de un mirto y los cristales turbios
De una ventana angosta,
Ella vive tan fresca y perfumada
Y se torna más bella y más frondosa
Y languidece y se marchita y muere
Cuando un rayo de sol besa sus hojas.

Para el pájaro el aire, para el musgo la roca,
Los mares para el alga, mayo para las rosas,
Que todo ser o planta va buscando
Su natural atmósfera,
Y sucumbe bien pronto si es que a ella
Oculta mano sin piedad la roba.

Sólo el humano espíritu al rodar desquiciado
Desde su órbita a mundos tristes y desolados,
Ni sucumbe ni muere; que del dolor el mazo
Fuerte, que abate el polvo y que quebranta el barro
Mortal, romper no puede ni desatar los lazos
Que con lo eterno le unen por misterioso arcano.

Por eso yo que anhelo que el refulgente astro
Del día calor preste a mis miembros helados,

Ich hege eine schöne Pflanze,
Die liebt und sucht den Schatten,
Wie's eine Seele tut,
Die verwaist ist, betrübt, verliebt und einsam.
Und dort, wo nie das Licht des Tages ungedämpft
Eindringt, immer gebrochen wird vom schattigen
Laub einer Myrte und den trüben Scheiben
Eines schmächtigen Fensters,
Lebt sie so kühl und frisch und voller Duft
Und wird immer schöner und üppiger
Und siecht schmachtend dahin, verwelkt und stirbt,
Wenn ein Sonnenstrahl ihre Blätter küßt.

Für den Vogel der Luftraum, für den Mooswuchs der Felsblock,
Die Meere für die Alge, für die Rose der Mai;
Denn jedes Lebewesen sucht sich seine
Natürliche Umgebung
Und geht zugrund, sobald ihm eine geheime Hand
Erbarmungslos diesen Lebensraum raubt.

Nur der menschliche Geist geht, wenn er, herausgerissen,
Aus seiner Kreisbahn abstürzt in trostlos triste Welten,
Nicht zugrunde für immer; denn der mächtige Hammer
Des Leids, der alles Staubwerk vernichtet und den sterblichen
Lehm zermalmt, kann die Bande nicht zerreißen, nicht lösen,
Die durch geheime Kräfte ihn einen mit dem Ewigen.

Drum kann ich, in der Sehnsucht, daß das Tagesgestirn
Strahlende Wärme leihe meinen eisigen Gliedern,

Aún aliento y resisto sin luz y sin espacio
Como la planta bella que odia del sol el rayo.

Ya que otra luz más viva que la del sol dorado
Y otro calor más dulce en mi alma penetrando,
Me anima y me sustenta con su secreto halago
Y da luz a mis ojos por el dolor cegados.

Noch atmen und bestehen, ohne Licht, ohne Raum,
Wie diese schöne Pflanze, die den Sonnenstrahl haßt.

Denn ein Licht, noch lebendiger als das der goldenen Sonne,
Eine noch lieblichere Wärme, mein Herz durchstrahlend,
Beseelt und stärkt und hält mich mit geheimer Erquickung
Und erhellt meine blinden, leidgeblendeten Augen.

I

En los ecos del órgano, o en el rumor del viento,
En el fulgor de un astro o en la gota de lluvia,
Te adivinaba en todo y en todo te buscaba
Sin encontrarte nunca.

Quizá después te ha hallado, te ha hallado y te ha perdido
Otra vez, de la vida en la batalla ruda,
Ya que sigue buscándote y te adivina en todo
Sin encontrarte nunca.

Pero sabe que existes y no eres vano sueño,
Hermosura sin nombre, pero perfecta y única;
Por eso vive triste, porque te busca siempre
Sin encontrarte nunca.

II

Yo no sé lo que busco eternamente
En la tierra, en el aire y en el cielo,
Yo no sé lo que busco, pero es algo
Que perdí no sé cuándo y que no encuentro,
Aun cuando sueñe que invisible habita
En todo cuanto toco y cuanto veo.

Felicidad, no he de volver a hallarte
En la tierra, en el aire, ni en el cielo
¡Aun cuando sé que existes
Y no eres vano sueño!

I

Im Hall der Orgelklänge oder im Windesrauschen,
Im Blinken eines Sternes oder im Regentropfen
Ahnte sie dich, in allem, und suchte dich in allem,
Ohne dich je zu finden.

Später hat sie vielleicht dann dich gefunden, gefunden
Und dich wieder verloren im rauhen Kampf des Lebens;
Denn sie sucht dich noch immer und erahnt dich in allem,
Ohne dich je zu finden.

Aber sie weiß, es gibt dich, du bist kein leerer Traum,
Schönheit, namenlos, aber einzigartig, vollkommen.
Deshalb lebt sie in Schwermut, denn sie sucht dich immer,
Ohne dich je zu finden.

II

Ich weiß nicht, was ich ewig suche, auf der
Erde, in der Luft und im Himmel droben;
Ich weiß nicht, was ich such, doch es ist etwas,
Das ich verloren, weiß nicht wann, und das ich
Nicht finden kann, obwohl ich träume, unsichtbar
Sei es in allem, was ich seh und fühle.

Glück, ich soll dich nicht wiederfinden, auf der
Erde, in der Luft und im Himmel droben,
Obwohl ich weiß, es gibt dich,
Und du kein leerer Traum bist.

SANTA ESCOLÁSTICA

I

Una tarde de abril en que la tenue
Llovizna triste humedecía en silencio
De la desierta calle las baldosas,
   Mientras en los espacios resonaban
Las campanas con lentas vibraciones,
Dime a marchar huyendo de mi sombra.

Bochornoso calor que enerva y rinde,
Si se cierne en la altura la tormenta,
Tornara el aire irrespirable y denso.
   Y el alma ansiosa y anhelante el pecho,
A impulsos del instinto iban buscando
Puro aliento en la tierra y en el cielo.

Soplo mortal creyérase que había
Dejado el mundo sin piedad desierto,
Convirtiendo en sepulcro a Compostela.
   Que en la santa ciudad, grave y vetusta,
No hay rumores que turben importunos
La paz ansiada en la apacible siesta.

II

– ¡Cementerio de vivos!..., murmuraba
Yo al cruzar por las plazas silenciosas
Que otros días de gloria nos recuerdan.
¿Es verdad que hubo aquí nombres famosos,
Guerreros indomables, grandes almas?
¿Dónde hoy su raza varonil alienta?

SANTA ESCOLÁSTICA

I

Eines Nachmittags im April, als lautlos
Der triste Sprühregen die Pflasterplatten
Der menschenleeren Gasse nieselnd netzte,
Während droben, den weiten Raum durchdröhnend,
Die Glocken ertönten mit trägem Beben,
Lief ich los, vor dem eignen Schatten fliehend.

Schwüle Hitze, die drückend dich zermürbt,
Wenn das Gewitter sich zusammenballt,
Verdickte die Luft, ließ den Atem stocken.
Und das beklommne Herz, die Brust voll Gier
Suchten, getrieben vom Instinkt, nach reinem
Lebenswind auf der Erde und im Himmel.

Ein todbringender Hauch, so schien es, hatte
Erbarmungslos die Welt veröden lassen
Und zur Grabstatt gemacht ganz Compostela.
Denn in der heilig ernsten Stadt, uralt,
Regt nirgends sich ein Laut, der stören könnte
Die erwünschte Stille der Ruhestunde.

II

– Friedhof der Lebenden! . . . murmelte ich,
Wie ich die stillen Plätze überquerte,
Die an Tage einstigen Glanzes mahnen.
Gab es leibhaftig hier berühmte Namen,
Unbezwingbare Krieger, große Seelen?
Wo atmet heute Mut von ihrer Art?

La airosa puerta de Fonseca, muda,
Me mostró sus estatuas y relieves
Primorosos, encanto del artista,
Y del Gran Hospital, la incomparable
Obra del genio, ante mis tristes ojos
En el espacio dibujóse altiva.

Después la catedral . . ., palacio místico
De atrevidas románicas arcadas,
Y con su Gloria de bellezas llena:
Me pareció al mirarla que quería
Sobre mi frente desplomar, ya en ruinas,
De sus torres la mole gigantesca.

Volví entonces el rostro estremecida
Hacia donde atrevida se destaca
Del Cebedeo la celeste imagen,
Como el alma del mártir, blanca y bella,
Y vencedora en su caballo airoso
Que galopando en triunfo rasga el aire.

Y bajo el arco oscuro, en donde eterno
Del oculto torrente el rumor suena,
Me deslicé cual corza fugitiva,
Siempre andando al azar, con aquel paso
Errante del que busca en dónde pueda
De sí arrojar el peso de la vida.

Atrás quedaba aquella calle adusta,
Camino de los frailes y los muertos,
Siempre vacía y misteriosa siempre,
Con sus manchas de sombra gigantescas
Y sus claros de luz, que hacen más triste
La soledad y que los ojos hieren.

Das schmucke Fonseca-Portal wies stumm
Mir seine Statuen und Reliefs,
Herrliche Zauberei der Künstlerhand;
Und als unvergleichliches Werk des Genius
Zeichnete sich vor meinen tristen Augen
Stolz in der Ferne das Große Spital ab.

Danach die Kathedrale ... mystischer
Palast kühner romanischer Arkaden,
Mit seinem Paradiestor voller Schönheit:
Mir schien, wie ich emporschaute, als wollte
Auf meine Stirn herab, in Trümmer fallend,
Der Türme Riesenmasse niederstürzen.

Erschauernd wandte ich den Blick nach dort,
Wo verwegen sich abhebt, in den Himmel
Stürmend, das Bild des heiligen Jakobus,
So weiß und schön wie die Seele des Märtyrers
Und sieghaft reitend auf stattlichem Streitroß,
Das im Triumphgalopp die Luft zerreißt.

Und unterm dunklen Bogen, dort, wo ewig
Des verborgenen Sturzbachs Rauschen tönt,
Huschte ich durch wie ein flüchtendes Reh,
Weiter und weiter, ziellos, mit den unsteten
Schritten dessen, der einen Ort sucht, wo er
Die Last des Lebens von sich werfen kann.

Hinter mir ließ ich jene düstre Gasse,
Den Weg der Klosterbrüder und der Toten,
Immer verlassen, voll Geheimnis immer,
Mit seinen ungeheuren Schattenlachen
Und den Lichtflecken, die die Einsamkeit noch
Trauriger machen und den Augen weh tun.

Y en tanto . . . la llovizna, como todo
Lo manso terca, sin cesar regaba
Campos y plazas, calles y conventos
Que iluminaba el sol con rayo oblicuo
A través de los húmedos vapores,
Blanquecinos a veces, otras negros.

III

Ciudad extraña, hermosa y fea a un tiempo,
A un tiempo apetecida y detestada
Cual ser que nos atrae y nos desdeña.
Algo hay en ti que apaga el entusiasmo,
Y del mundo feliz de los ensueños
A la aridez de la verdad nos lleva.
¡De la verdad! . . . ¡Del asesino honrado
Que impasible nos mata y nos entierra!
. . . .

¡Y yo quería morir! La sin entrañas,
Sin conmoverse, me mostrara el negro
Y oculto abismo que a mis pies abrieran,
Y helándome la sangre, fríamente,
De amor y de esperanza me dejara,
Con sólo un golpe, para siempre huérfana.

»¡La gloria es humo. El cielo está tan alto
Y tan bajos nosotros que la tierra
Que nos ha dado volverá a absorbernos.
Afanarse y luchar, cuando es el hombre
Mortal ingrato y nula la victoria,
¿Por qué, aunque haya Dios, vence el infierno?«.

Und unterdes ... der Nieselregen, zäh wie
Alles Sanfte, rieselte unaufhörlich
Auf Felder, Plätze, Gassen, Klostermauern,
Welche die Sonne aufblitzend erhellte
Mit einem schrägen Strahl, quer durch die feuchten,
Mal weißlich wabernden, mal schwarzen Schwaden.

III

Seltsame Stadt, schön und häßlich zugleich,
Begehrt und doch zugleich verabscheut, wie ein
Wesen, welches uns anzieht und uns abstößt.
Etwas ist in dir, das alle Begeisterung
Erstickt, uns verjagt aus erträumter Glückswelt
Und zur Dürre der Wahrheit treibt. Der Wahrheit! ...
Des rechtschaffenen Mörders, der gefühllos
Uns tötet und mit Gleichmut uns verscharrt!
....

Und ich wollte ja sterben! Ungerührt
Würde der Herzlose mir jenen schwarzen
Abgrund zeigen, der sich vor meinen Füßen
Auftut; und all mein Blut zu Eis verwandelnd,
Würde er kalt, mit einem Schlag, für immer
Der Liebe und der Hoffnung mich berauben.

»Die Seligkeit ist Rauch! So hoch der Himmel
Und wir so niedrig, daß die Erde, die uns
Hervorgebracht, uns wieder zu sich nimmt.
Sich abmühen und kämpfen, wo der Mensch doch
Sterblich und unnütz ist, nichtig der Sieg.
Warum, wenn's Gott auch gibt, siegt denn die Hölle?«

Así del dolor víctima el espíritu
Se rebelaba contra cielo y tierra
Mientras mi pie inseguro caminaba ...
Cuando de par en par vi abierto el templo,
De fieles despoblado, y donde apenas
Su resplandor las lámparas lanzaban.

IV

Majestad de los templos, mi alma femenina
Te siente, como siente las maternas dulzuras,
Las inquietudes vagas, las ternuras secretas
Y el temor a lo oculto tras de la inmensa altura.

¡Oh, majestad sagrada! En nuestra húmeda tierra
Más grande eres y augusta que en donde el sol ardiente
Inquieta con sus rayos vivísimos las sombras
Que al pie de los altares oran, velan o duermen.

Bajo las anchas bóvedas, mis pasos silenciosos
Resonaron con eco armonioso y pausado,
Cual resuena en la gruta la gota cristalina
Que lenta se desprende sobre el verdoso charco.

Y aún más que los acentos del órgano y la música
Sagrada, conmovióme aquel silencio místico
Que llenaba el espacio de indefinidas notas,
Tan sólo perceptibles al conturbado espíritu.

Del incienso y la cera el acusado aroma
Que impregnaba la atmósfera que allí se respiraba,
No sé por qué, de pronto, despertó en mis sentidos
De tiempos más dichosos reminiscencias largas.

So empörte sich, Opfer seines quälenden
Leides, der Geist gegen Himmel und Erde,
Während mein wankender Fuß weiterging ...
Und da sah ich, sperrangelweit geöffnet,
Die Kirche, keine Gläubigen im Innern,
Aus dem, kaum sichtbar, Lampenschimmer drang.

IV

Hoheit der Gotteshäuser, meine weibliche Seele
Fühlt dich, wie sie die Süße der Mutterliebe fühlt,
Die vagen Unruhwellen, geheimen Zärtlichkeiten
Und die Furcht vor dem Dunkel hinter dem Unermeßlichen.

O geheiligte Hoheit! Auf unsrer feuchten Erde
Bist du größer, erhabner als dort, wo die Glutsonne
Mit blendend hellen Strahlen die Schatten scheucht, die bebend
Vor den Altären liegen, sei's wachend oder schlafend.

Unterm weiten Gewölbe weckten die leisen Schritte,
Die ich machte, ein Echo voll harmonischer Ruhe,
Wie in der Grotte nachhallt der kristallene Tropfen,
Welcher langsam sich loslöst über grünlicher Lache.

Und noch mehr als die Töne der Orgel, als die fromme
Musik ergriff mich jene mystische Zauberstille,
Welche den Raum erfüllte mit unbestimmten Noten,
Wahrnehmbar einzig für den wirren, verstörten Geist.

Die deutlichen Gerüche von Kerzenwachs und Weihrauch,
Welche die Luft durchtränkten, die da zu atmen war,
Weckten in meinen Sinnen plötzlich, weiß nicht warum,
Lange Erinnerungen an glücklichere Zeiten.

Y mi mirada inquieta, cual buscando refugio
Para el alma que sola luchaba entre tinieblas,
Recorrió los altares esperando que acaso
Algún rayo celeste brillase al fin en ella.

Y . . . ¡no fue vano empeño ni ilusión engañosa! . . .
Suave, tibia, pálida la luz rasgó la bruma
Y penetró en el templo, cual entra la alegría
De súbito en el pecho que las penas anublan.

¡Ya yo no estaba sola! . . . En armonioso grupo,
Como visión soñada, se dibujó en el aire
De un ángel y una santa el contorno divino,
Que en un nimbo envolvía vago el sol de la tarde.

Aquel candor, aquellos delicados perfiles
De celestial belleza, y la inmortal sonrisa
Que hace entreabrir los labios del dulce mensajero
Mientras contempla el rostro de la virgen dormida

En el sueño del éxtasis, y en cuya frente casta
Se transparenta el fuego del amor puro y santo,
Más ardiente y más hondo que todos los amores
Que pudo abrigar nunca el corazón humano;

Aquel grupo que deja absorto el pensamiento,
Que impresiona el espíritu y asombra la mirada,
Me hirió calladamente, como hiere los ojos
Cegados por la noche la luz blanca del alba.

Todo cuanto en mí había de pasión y ternura,
De entusiasmo ferviente y gloriosos empeños,
Ante el sueño admirable que realizó el artista,
Volviendo a tomar vida resucitó en mi pecho.

Und die ruhlosen Augen, als ob sie Zuflucht suchten
Für mein Herz, das alleine in Finsternissen kämpfte,
Musterten die Altäre, hastig, hoffend, es werde
Irgendein Himmelslichtstrahl endlich darin erglänzen.

Und es war nicht vergebens, kein trügerisches Wähnen! ...
Sanft gleitend, lau und bläßlich, schlitzte das Licht den Dunst auf
Und durchdrang nun die Kirche, wie die Freude auf einmal
Hell in die Brust hereinbricht, die von Kummer umwölkt war.

Jetzt war ich nicht mehr einsam! ... In harmonischer Eintracht,
Wie im Traume gesehen, hob sich ab in der Luft
Eines Engels und einer Heiligen wundersamer
Umriß, mild umhüllt von dem Nimbus der Abendsonne.

Diese Unschuld, die zarten, fein geschwungnen Profile
Von himmlisch reiner Schönheit, das unsterbliche Lächeln,
Das die Lippen des holden Boten ein wenig öffnet,
Wie er anschaut das Antlitz der Jungfrau, die da schlummernd

Liegt im Traum der Verzückung und deren keusche Stirn
Durchschimmert wird vom Feuer der reinen, frommen Liebe,
Feuriger, tiefer glühend als alle Leidenschaften,
Die das menschliche Herz jemals umfangen konnte;

Diese Gruppe, die bannend meine Gedanken fesselt,
Die dem Geiste sich einprägt, den Blick erstaunt, bestürzt,
Verwundete mich lautlos, wie die nächtlich geblendeten
Augen verwundet werden vom weißen Licht der Frühe.

Was je in mir gewesen an Leidenschaft und Zartheit,
An begeistertem Eifer und seligem Bemühen,
Erwachte vor dem Traumbild, das der Künstler gestaltete,
In meiner Brust zu neuem, auferstehendem Leben.

Sentí otra vez el fuego que ilumina y que crea
Los secretos anhelos, los amores sin nombre,
Que como al arpa eólica el viento, al alma arranca
Sus notas más vibrantes, sus más dulces canciones.

Y orando y bendiciendo al que es todo hermosura,
Se dobló mi rodilla, mi frente se inclinó
Ante El, y conturbada exclamé de repente:
¡Hay arte! ¡Hay poesía! ... Debe haber cielo. ¡Hay Dios!

Ich fühlte neu das Feuer, das erleuchtend erschafft
Geheime Sehnsuchtsbilder, die namenlose Liebe,
Feuer, das – wie ein Wind der Äolsharfe – dem Herzen
Entlockt die tiefsten Töne, seine lieblichsten Lieder.

Und im Gebet den lobend, der lauter Schönheit ist,
Beugte sich da mein Knie, neigte sich meine Stirn
Vor Ihm, und plötzlich rief ich, aufgewühlt: Es gibt Kunst!
Gibt Poesie! ... Muß einen Himmel geben! Gibt Gott!

Dicen que no hablan las plantas, ni las fuentes, ni los
pájaros,
Ni el onda con sus rumores, ni con su brillo los astros,
Lo dicen, pero no es cierto, pues siempre cuando yo paso
De mí murmuran y exclaman:
Ahí va la loca soñando
Con la eterna primavera de la vida y de los campos,
Y ya bien pronto, bien pronto, tendrá los cabellos canos,
Y ve temblando, aterida, que cubre la escarcha el prado.

– Hay canas en mi cabeza, hay en los prados escarcha,
Mas yo prosigo soñando, pobre, incurable
sonámbula,
Con la eterna primavera de la vida que se apaga
Y la perenne frescura de los campos y las almas,
Aunque los unos se agostan y aunque las otras se abrasan.

Astros y fuentes y flores, no murmuréis de mis sueños;
Sin ellos, ¿cómo admiraros ni cómo vivir sin ellos?

Man sagt, daß Pflanzen nicht reden, auch nicht die Quellen, die Vögel,
Die Welle mit ihrem Rauschen, mit ihrem Funkeln die Sterne.
So sagt man, aber es stimmt nicht; denn immer, wenn ich vorbeigeh,
Hör ich sie über mich tuscheln:
Da geht die Irre und träumt
Vom unvergänglichen Frühling des Lebens und aller Fluren,
Und schon recht bald, ja recht bald schon sind ihre Haare ergraut,
Und froststarr sieht sie, erzitternd, daß Reif die Wiese bedeckt.

– Auf meinem Kopf schimmert Grau schon, und Reif schimmert auf den Wiesen.
Doch ich arme, unheilbare Traumwandlerin träume weiter
Vom unvergänglichen Frühling des Lebens, das doch erlischt,
Und von der ewigen Frische der Fluren und aller Seelen,
Obgleich die einen verdorren, obgleich die andern verglühen.

Sterne und Quellen und Blumen, verdenkt mir nicht meine Träume.
Ohne sie – wie euch bewundern? Und wie leben – ohne sie?

Cada vez que recuerda tanto oprobio,
Cada vez digo, ¡y lo recuerda siempre! . . .
    Avergonzada su alma
Quisiera en el no ser desvanecerse
    Como la blanca nube
En el espacio azul se desvanece.

¡Recuerdo . . . lo que halaga hasta el delirio
O da dolor hasta causar la muerte! . . .
    No, no es sólo recuerdo,
    Sino que es juntamente
El pasado, el presente, el infinito,
Lo que fue, lo que es y ha de ser siempre.

Jedesmal, wenn sie all der Schmach gedenkt,
Jedesmal – und sie denkt immer daran! –
        Möchte vor lauter Scham
Ihre Seele sich auflösen im Nichts,
        So wie die weiße Wolke
Im weiten blauen Himmelsraum sich auflöst.

Gedenken ... Freude weckend, bis zum Wahnsinn,
Oder Schmerz erregend, bis hin zur Todesqual! ...
        Nein, nicht bloß ein Gedenken
        Ist es, sondern zugleich
Vergangenheit, Gegenwart, Ewigkeit,
Was war, was ist und sein wird immerdar.

Recuerda el trinar del ave
Y el chasquido de los besos,
Los rumores de la selva
Cuando en ella gime el viento,
Y del mar las tempestades,
Y la bronca voz del trueno,
Todo halla un eco en las cuerdas
Del arpa que pulsa el genio.

Pero aquel sordo latido
Del corazón que está enfermo
De muerte y que de amor muere,
Y que resuena en el pecho
Como un bordón que se rompe
Dentro de un sepulcro hueco,
Es tan triste y melancólico,
Tan terrible y tan supremo
Que jamás el genio pudo
Repetirlo con sus ecos.

Wiedererweckt wird das Trillern
Der Vögel, Wispern der Küsse,
All die Geräusche des Waldes,
Den der Wind stöhnend durchweht,
Das Sturmgetose des Meeres,
Die rauhe Stimme des Donners;
Alles hallt wider im Saitenspiel
Der harfenden Hand des Genius.

Doch das leise, dumpfe Pochen
Des Herzens, das da todkrank ist
Und stirbt vor Liebe und nachtönt
In der Brusthöhle wie eine
Baßsaite, welche zerreißt
Im leeren Raum einer Gruft,
Ist so traurig und voll Schwermut,
So schrecklich und so erhaben,
Daß das Echospiel des Genius
Es nie wiederholen kann.

Del mar azul las transparentes olas
Mientras blandas murmuran
Sobre la arena, hasta mis pies rodando,
Tentadoras me besan y me buscan.

Inquietas lamen de mi planta el borde,
Lánzanme airosas su nevada espuma
Y pienso que me llaman, que me atraen
Hacia sus salas húmedas.

Mas cuando ansiosa quiero
Seguirlas por la líquida llanura,
Se hunde mi pie en la linfa transparente
Y ellas de mí se burlan.

Y huyen abandonándome en la playa
A la terrena, inacabable lucha,
Como en las tristes playas de la vida
Me abandonó inconstante la fortuna.

Des blauen Meeres durchsichtige Wellen,
Die mit sanftem Gemurmel
Übern Sand bis zu meinen Füßen rollen,
Küssen mich lockend und wollen mich holen.

Ruhlos lecken sie mir den Rand der Sohle,
Spritzen keck mit schneeweißem Schaum nach mir,
Und rufend, scheint mir, ziehen sie mich hin
Zu ihren feuchten Sälen.

Doch wenn ich voll Begierde
Ihnen dann folge auf flüssiger Fläche,
Sinkt ein mein Fuß im durchsichtigen Naß,
Und sie verlachen mich.

Fliehend lassen sie mich allein am Strand
Zum erdverhafteten, endlosen Kampf,
Wie an den traurigen Stränden des Lebens
Allein mich ließen die Launen des Glücks.

Si medito en tu eterna grandeza,
Buen Dios a quien nunca veo,
Y levanto asombrada los ojos
Hacia el alto firmamento,
Que llenaste de mundos y mundos . . .
Toda conturbada pienso
Que soy menos que un átomo leve
Perdido en el universo,
Nada en fin . . . y que al cabo en la nada
Han de perderse mis restos.

Mas si cuando el dolor y la duda
Me atormentan, corro al templo,
Y a los pies de la Cruz un refugio
Busco ansiosa implorando remedio,
De Jesús el cruento martirio
Tanto conmueve mi pecho,
Y adivino tan dulces promesas
En sus dolores acerbos,
Que cual niño que reposa
En el regazo materno,
Después de llorar, tranquila
Tras la expiación espero
Que allá donde Dios habita
He de proseguir viviendo.

Denk ich an deine ewige Größe,
Guter Gott, den ich nie sehe;
Erhebe ich staunend meine Augen
Zum hohen Himmelsgewölbe,
Das du fülltest mit Welten und Welten ...,
So meine ich, ganz verwirrt,
Daß ich weniger bin als ein Staubkorn,
Das verlorenging im Weltall,
Ein Nichts ... und daß am Ende im Nichts
Mein sterbliches Sein zerstiebt.

Doch wenn ich, gequält von Leid und Zweifel,
Zur Kirche hinüberlaufe,
Sehnsüchtig Zuflucht suche zu Füßen
Des Kreuzes und dort Hilfe erflehe,
Erschüttert das blutige Martyrium
Jesu so tief meine Brust,
Und in seinen herben Schmerzen
Ahne ich so süß Verheißungen,
Daß ich wie ein kleines Kind,
Welches im Mutterschoß schlummert,
Nach all den Tränen, beruhigt
Und entsühnt, die Hoffnung fühle,
Daß ich droben, wo Gott wohnt,
Gewißlich einst weiterlebe.

I

Los que a través de sus lágrimas,
Sin esfuerzo ni violencia,
Abren paso en el alma afligida
Al nuevo placer que llega;

Los que tras de las fatigas
De una existencia azarosa,
Al dar término al rudo combate
Cogen larga cosecha de gloria;

Y en fin, todos los dichosos
Cuyo reino es de este mundo,
Y dudando o creyendo en el otro
De la tierra se llevan los frutos;

¡Con qué tedio oyen el grito
Del que en vano ha querido y no pudo
Arrojar de sus hombros la carga
Pesada del infortunio!

– Cada cual en silencio devore,
Sus penas y sus afanes –
Dicen – que es de animosos y fuertes
El callar, y es la queja cobarde.

No el lúgubre vaticinio
Que el espíritu turba y sorprende,
Ni el inútil y eterno lamento
Importuno en los aires resuene.

¡Poeta!, en fáciles versos,
Y con estro que alienta los ánimos,
Ven a hablarnos de esperanzas,
Pero no de desengaños.

I

Die durch all ihre Tränen hindurch
Mühelos, ohne Gewalt,
Bahn schaffen in der betrübten Seele
Für die neue Lust, die kommt;

Die nach Strapazen und Plagen
Eines gewagten Lebens
Am Ende des harten Kampfes
Ruhm und Herrlichkeit ernten;

Alle die Glücklichen also,
Deren Reich von dieser Welt ist
Und die – mag's eine andre auch geben –
Sich an die Früchte der Erde halten;

Wie unwillig hören sie den Schrei
Dessen, der es vergeblich versucht hat,
Sich von den Schultern zu schütteln
Die schwere Bürde des Unglücks.

»Jeder soll lautlos hinunterschlucken
Seine Drangsal und sein Trachten«,
Sagen sie, »denn wer mutig und stark ist,
Der schweigt, und Jammern ist feige.

Kein finstrer Orakelspruch,
Welcher den Geist bestürzt und verwirrt;
Kein Wehklagen, so nutzlos wie endlos,
Soll mit Mißklang die Lüfte belasten.

Dichter, mit hurtigen Versen
Und mit Schwung, der die Herzen ermutigt,
Komm und künde uns von Hoffnungen,
Doch nicht von Enttäuschungen.«

II

¡Atrás, pues, mi dolor vano, con tus acerbos gemidos
Que en la inmensidad se pierden, como los sordos bramidos
Del mar en las soledades que el líquido amargo llena!...
¡Atrás!, y que el denso velo de los inútiles lutos,
Rasgándose, libre paso deje al triunfo de los Brutos,
Que asesinados los Césares, ya ni dan premio ni pena...

Pordiosero vergonzante que en cada rincón desierto
Tendiendo la enjuta mano detiene su paso incierto
Para entonar la salmodia que nadie escucha ni entiende,
Me pareces, dolor mío, de quien reniego en buen hora.
¡Huye, pues, del alma enferma! Y tú, nueva y blanca
aurora,
Toda de promesas harta, sobre mí tus rayos tiende.

III

¡Pensamientos de alas negras!, huid, huid azorados
Como bandada de cuervos por la tormenta acosados,
O como abejas salvajes en quien el fuego hizo presa;
Dejad que amanezca el día de resplandores benditos
En cuya luz se presienten los placeres infinitos...
¡Y huid con vuestra perenne sombra que en el alma pesa!

¡Pensamientos de alas blancas!, ni gimamos ni roguemos
Como un tiempo, y en los mundos luminosos penetremos
En donde nunca resuena la débil voz del caído,
En donde el dorado sueño para en realidad segura,
Y de la humana flaqueza sobre la inmensa amargura
Y sobre el amor que mata sus alas tiende el olvido.

Ni el recuerdo que atormenta como horrible pesadilla,
Ni la pobreza que abate, ni la miseria que humilla,

II

Weg also, mein trüber Schmerz du, mit deinem grausamen Stöhnen,
Das im Endlosen schwindet wie das dumpf grollende Dröhnen
Der See in den Einsamkeiten der bittren Wogenmillionen!...
Hinweg! Und der dichte Schleier unnützen Trauerns zerreiße,
Daß für die Brutustriumphe lachend sich auftut die Schneise;
Denn tote Cäsaren können nicht strafen und nicht belohnen...

Verschämter Bettler, der immer im stillsten Winkel der Welt,
Seine dürre Hand ausstreckend, den tapsenden Schritt verhält,
Um zu leiern, was doch keiner hört oder versteht – ich meine,
Du seist es, mein Schmerz du, dem ich zum Glück jetzt den
  Laufpaß gebe.
Laß in Ruh die kranke Seele! Und du, Morgenlicht, erhebe
Die Fülle deiner Verheißung, umhüll mich mit deinem Scheine.

III

Gedanken mit schwarzen Flügeln! Flieht, flieht in wildem Getümmel
Wie ein Schwarm von sturmgehetzten Raben am Gewitterhimmel,
Wie der Schwarm rasender Bienen, deren Stock ein Brand zerstört!
Laßt endlich den Tag erscheinen, in dessen Glücksstrahlenbahnen
Wir das Erschimmern der ewig leuchtenden Freuden erahnen...
Verschwindet mit eurer Schwärze, die ständig das Herz beschwert!

Gedanken mit weißen Flügeln! Laßt uns nicht stöhnen und flehen
Wie einst! Laßt uns in die hellen Welten des Morgenlichts gehen,
Wo nie das Leid des Gestürzten wimmernd die Wonne verleidet,
Wo der Glanz goldenen Traumes als feste Wirklichkeit währt
Und über menschliche Schwäche, die so bitter quälend schwärt,
Und über Liebe, die tötet, Vergessen die Flügel breitet.

Kein Erinnern, das zermarternd uns wie ein Albtraum durchzuckt,
Keine Armut, die entmutigt, und kein Elend, das uns duckt,

Ni de la injusticia el látigo que al herir mancha y condena,
Ni la envidia y la calumnia más que el fuego asoladoras
Existen para el que siente que se deslizan sus horas
Del contento y la abundancia por la corriente serena.

Allí, donde nunca el llanto los párpados enrojece,
Donde por dicha se ignora que la humanidad padece
Y que hay seres que codician lo que harto el perro desdeña;
Allí, buscando un asilo, mis pensamientos dichosos
A todo pesar ajenos, lejos de los tenebrosos
Antros del dolor, cantemos a la esperanza risueña.

Frescas voces juveniles, armoniosos instrumentos,
¡Venid!, que a vuestros acordes yo quiero unir mis acentos
Vigorosos y el espacio llenar de animadas notas,
Y entre estatuas y entre flores, entrelazadas las manos,
Danzar en honor de todos los venturosos humanos,
Del presente, del futuro y las edades remotas.

IV

Y mi voz, entre el concierto de las graves sinfonías,
De las risas lisonjeras y las locas alegrías,
Se alzó robusta y sonora con la inspiración ardiente
Que enciende en el alma altiva del entusiasmo la llama,
Y hace creer al que espera y hace esperar al que ama
Que hay un cielo en donde vive el amor eternamente.

Del labio amargado un día por lo acerbo de los males,
Como de fuente abundosa fluyó la miel a raudales,
Vertiéndose en copas de oro que mi mano orló de rosas,
Y bajo de los espléndidos y ricos artesonados

Keine Peitsche schnöden Unrechts, deren Hiebe Schmach bedeuten,
Kein Neid und keine Verleumdung, die schlimmer als Feuer wüten,
Gibt es für den, der empfindet, daß seine Stunden wie Blüten
Der Zufriedenheit und Fülle im Strome der Klarheit gleiten.

Dort, wo kein Schmerz und kein Jammer mit Tränen die Lider röten,
Wo nie eine Kunde hindringt von Menschenängsten und -nöten,
Von Wesen, die heiß begehren, was der satte Hund verschmäht;
Dort, eine Zuflucht uns suchend, meine beglückten Gedanken,
Entrückt den Sorgen und fern von den finstren Höhlen des kranken
Grams, laßt uns die Hoffnung preisen, die lächelnd vor uns ersteht.

Ihr jugendlich frischen Stimmen, ihr Instrumente, ihr hellen,
Kommt, denn zu euren Akkorden will ich mich singend gesellen,
Will mit Kraft und Mut erfüllen alle Welt- und Himmelsweiten
Und zwischen Statuen und Rosen, Hand in Hand, im Takt des Singens
Tanzen zu Ehren von allen Glücksmenschen frohen Gelingens
In Gegenwart und in Zukunft und in lang vergangnen Zeiten.

IV

Und meine Stimme erhob sich im Konzert der Feierklänge,
Aus all dem schmeichelnden Jubel, dem tollen Freudengepränge,
Erhob sich voll Kraft und Wohlklang, entflammt von Begeisterung,
Die im hochgemuten Herzen die Götterflamme entfacht,
Welche den Hoffenden glauben, den Liebenden hoffen macht,
Ein Himmel sei, wo die Liebe lebe, liebend ewig jung.

Von den Lippen, einst verbittert von Krankheit, Not und Verdruß,
Strömte wie aus starker Quelle der Honig im Überfluß,
Er ergoß sich in goldne Schalen, die ich umwand mit den Ranken
Erblühter Rosen, und unter schimmernden, schmuckreichen Dächern

En los palacios inmensos y los salones dorados,
Fui como flor en quien beben perfumes las mariposas.

Los aplausos resonaban con estruendo en torno mío,
Como el vendaval resuena cuando se desborda el río
Por la lóbrega encañada que adusto el pinar sombrea;
Genio supremo y sublime del porvenir me aclamaron,
Y trofeos y coronas a mis plantas arrojaron
Como a los pies del guerrero vencedor en la pelea.

V

Mas un día, de aquel bello y encantado paraíso,
Donde con tantas victorias la suerte brindarme quiso,
Volví al mundo desolado de mis antiguos amores
Cual mendigo que a su albergue torna de riquezas lleno;
Pero al verme los que ausente me lloraron, de su seno
Me rechazaron cual suele rechazarse a los traidores.

Y con agudos silbidos y entre sonrisas burlonas,
Renegaron de mi numen y pisaron mis coronas,
De sus iras envolviéndome en la furiosa tormenta;
Y sombrío y cabizbajo como Caín el maldito,
El execrable anatema llevando en la frente escrito,
Refugio busqué en la sombra para devorar mi afrenta.

VI

No hay mancha que siempre dure, ni culpa que perdonada
Deje de ser, si con llanto de contrición fue regada;
Así, cuando de la mía se borró el rastro infamante
Como en el cielo se borra el de la estrella que pasa,
Pasé yo entre los mortales como el pie sobre la brasa,
Sin volver atrás los ojos ni mirar hacia adelante.

In den riesigen Palästen und vergoldeten Gemächern
War ich die Blume, an der die Schmetterlinge Düfte tranken.

Beifall umtoste mich brausend, mit pompösem Donnerhall,
Wie der Gewittersturm aufbraust, wenn in erhabnem Schwall
Der Fluß die Klamm überflutet im Duster der Pinienwand;
Zum Genie der Zukunft ward ich von der Menge ausersehen,
Und man warf mir vor die Füße Siegeskränze und Trophäen,
Wie vor die Füße des Kriegers, der glorreich die Schlacht bestand.

V

Aber eines Tages kam ich aus dem Zauberparadies,
In dem das Glück mich so viele Triumphe genießen ließ,
Heim in die trostlose Trübsal, die Welt meiner alten Liebe,
Wie der Bettler, der zum Obdach heimkommt, mit Schätzen beladen;
Doch die um mich geweint, als ich ferne war, auf fremden Pfaden,
Stießen den Heimkehrer von sich, wie man Verräter vertriebe.

Mit schrillen Pfiffen, und grinsend mit einem Hohn ohne Grenze,
Entweihten sie meine Würde und zertraten meine Kränze,
Wüst wetternd aus Zorneswolken, die jäh sich ballten im Blauen.
Bedrückt und gesenkten Hauptes, wie einstens Kain der Verbannte,
Als er, mit dem Mal des Fluches auf der Stirn, von dannen rannte,
Suchte ich Zuflucht im Dunkel, um meine Schmach zu verdauen.

VI

Keine Schmach ist unvergänglich, keine Schuld bleibt unverziehen;
Sie ist getilgt, wenn die Tränen wahrer Reue sie besprühen.
Und als die Spur meiner Schande erlosch, als wär nichts geschehen,
Wie's am Himmel die Spur des Sterns, der weiterwandert, tut,
Schritt ich fortan durch die Menge wie der Fuß über die Glut,
Ohne nach hinten zu schauen, ohne nach vorne zu spähen.

Y a mi corazón le dije: »Si no es vano tu ardimiento
Y en ti el manantial rebosa del amor y el sentimiento,
Fuentes en donde el poeta apaga su sed divina,
Sé tú mi musa y cantemos sin preguntarle a las gentes
Si aman las alegres trovas o los suspiros dolientes,
Si gustan del sol que nace o buscan al que declina.«

Und ich sprach zu meinem Herzen: Ist dein Feuer nicht nur Spiel
Und entspringt in dir die Quelle, Liebe sprudelnd und Gefühl,
Wasser, an denen der Dichter in göttlichem Durste trinkt,
Sei du mir Muse und laß uns singen, ohne erst zu fragen,
Ob den Leuten frohe Lieder oder die Seufzer behagen,
Ob sie Morgensonne mögen oder die Sonne, die sinkt.

Mientras el hielo las cubre
Con sus hilos brillantes de plata,
Todas las plantas están ateridas,
Ateridas, como mi alma.

Esos hielos para ellas
Son promesas de flores tempranas;
Son para mí silenciosos obreros
Que están tejiéndome la mortaja.

Während das Eis sie bedeckt
Mit seinen silbrig glitzernden Fäden,
Verharren alle Pflanzen erstarrt,
Erstarrt wie meine Seele.

Diese Fäden sind für die Blumen
Verheißung baldiger Frühlingsblüten,
Für mich sind sie geschäftig stille Wesen,
Die mir emsig das Totenhemd weben.

Pensaban que estaba ocioso
En sus prisiones estrechas,
Y nunca estarlo ha podido,
Quien firme al pie de la brecha,
En guerra desesperada,
Contra sí mismo pelea.

Pensaban que estaba solo,
Y no lo estuvo jamás
El forjador de fantasmas
Que ve siempre en lo real
Lo falso y en sus visiones
La imagen de la verdad.

Sie dachten, er wäre müßig
In seinem engen Gewahrsam,
Und niemals hatte je Muße,
Wer fest in der Bresche standhält
und in verzweifeltem Kampf
Sich gegen sich selber wehrt.

Sie dachten, er wäre einsam,
Und nie ist er das gewesen,
Der Bildner von Hirngespinsten,
Der im Wirklichen stets Falschheit,
In seinen Visionen aber
Das Inbild der Wahrheit sieht.

Brillaban en la altura cual moribundas chispas
Las pálidas estrellas,
Y abajo . . . muy abajo en la callada selva,
Sentíanse en las hojas próximas a secarse,
Y en las marchitas hierbas,
Algo como estallidos de arterias que se rompen
Y huesos que se quiebran.
¡Qué cosas tan extrañas finge una mente enferma!

Tan honda era la noche,
La oscuridad tan densa
Que, ciega la pupila
Si se fijaba en ella,
Creía ver brillando entre la espesa sombra
Como en la inmensa altura las pálidas estrellas.
¡Qué cosas tan extrañas se ven en las tinieblas!

En su ilusión creyóse por el vacío envuelto,
Y en él queriendo hundirse
Y girar con los astros por el celeste piélago,
Fue a estrellarse en las rocas que la noche ocultaba
Bajo su manto espeso.

Es glänzten in der Höhe wie verglimmende Funken
Die fahlen, bleichen Sterne,
Und unten ... tief hier unten im verschwiegenen Walde
Hörte man in den Blättern, die bald schon dürr sein würden,
Und in den welken Gräsern
So ein Knallen, ein Bersten, als ob da Adern platzten,
Als ob da Knochen brächen.
Was für seltsame Dinge denkt sich ein krankes Hirn!

So tief war diese Nacht,
So dicht die Dunkelheit,
Daß die Pupille, blind
In die Finsternis starrend,
Glänzen zu sehen glaubte in der Waldschattenmasse,
Wie hoch im Grenzenlosen, die fahlen, bleichen Sterne.
Was für seltsame Dinge kann man im Dunkel sehen!

Sie wähnte sich umgeben von der Leere, und als sie
Sich hineinstürzen wollte,
Mit den Sternen zu kreisen in dem himmlischen Ozean,
Zerschellte sie an Felsen, welche die Nacht verdeckt hielt
Mit ihrem dichten Mantel.

Son los corazones de algunas criaturas
Como los caminos muy transitados,
Donde las pisadas de los que ahora llegan
Borran las pisadas de los que pasaron:
No será posible que dejéis en ellos,
De vuestro cariño, recuerdo ni rastro.

Die Herzen von manchen Menschenkindern ähneln
Vielbegangenen, immer wimmelnden Wegen,
Wo die Tritte derer, die jetzt eben kommen,
Die Trittspuren derer tilgen, die gegangen.
Ihr könnt da gewiß keine Erinnerung,
Keinerlei Spur einer Liebe hinterlassen.

Al oír las canciones,
Que en otro tiempo oía,
Del fondo en donde duermen mis pasiones
El sueño de la nada,
Pienso que se alza irónica y sombría
La imagen ya enterrada
De mis blancas y hermosas ilusiones,
Para decirme:
– ¡Necia!, lo que es ido
¡No vuelve!, lo pasado se ha perdido
Como en la noche va a perderse el día,
Ni hay para la vejez resurrecciones . . .

¡Por Dios!, no me cantéis esas canciones
¡Que en otro tiempo oía!

Hör ich wieder die Lieder,
Die ich einstens gehört,
Ist mir, als regte sich das Dämmer müder
Leidenschaften, die träumen
Den Traum des Nichts; als würden, aufgestört,
Spöttisch, spukhaft sich bäumen
Meines begrabnen Wunschglücks schöne Glieder,
Die mir bedeuten:
Närrin, was vergangen,
Das kehrt niemals wieder! Untergegangen
Ist es, wie der Tag, den die Nacht verzehrt.
Niemehr erstehend, sinkt das Alte nieder ...

Bei Gott, nie wieder singt mir diese Lieder,
Die ich einstens gehört!

Vosotros que del cielo que forjasteis
Vivís como Narciso enamorados,
No lograréis cambiar de la criatura,
En su esencia la misma eternamente,
Los instintos innatos.

No borraréis jamás del alma humana
El orgullo de raza, el amor patrio,
La vanidad del propio valimiento,
Ni el orgullo del ser que se resiste
A perder de su ser un solo átomo.

Ihr, die ihr für den Himmel lebt, den ihr
Ersonnen habt, verliebt wie ein Narziß,
Werdet es nicht schaffen, die Urinstinkte
Der Kreatur zu ändern, die im Kern
Ewig dieselbe bleibt.

Niemals vertreibt ihr aus der Menschenseele
Den Stammesstolz, die Liebe zu der Heimat,
Das eitle Pochen auf den eignen Wert,
Den Stolz des Wesens, das sich weigert, auch nur
Ein Atom seines Selbstseins herzugeben.

A LA LUNA

I

¡Con qué pura y serena transparencia
Brilla esta noche la luna!
A imagen de la cándida inocencia,
No tiene mancha ninguna.

De su pálido rayo la luz pura
Como lluvia de oro cae
Sobre las largas cintas de verdura
Que la brisa lleva y trae.

Y el mármol de las tumbas ilumina
Con melancólica lumbre,
Y las corrientes de agua cristalina
Que bajan de la alta cumbre.

La lejana llanura, las praderas,
El mar de espuma cubierto
Donde nacen las ondas plañideras,
El blanco arenal desierto.

La iglesia, el campanario, el viejo muro,
La ría en su curso varia,
Todo lo ves desde tu cénit puro,
Casta virgen solitaria.

II

Todo lo ves, y todos los mortales
Cuantos en el mundo habitan,
En busca del alivio de sus males,
Tu blanca luz solicitan.

AN DEN MOND

I

Mit welch heiterer Klarheit, rein und mild,
Leuchtet heute nacht der Mond!
Als der lautersten Unschuld Ebenbild,
Der kein Makel innewohnt.

Der fahlen Strahlen blütenreines Glühn
Fällt als ein goldener Regen
Auf die Bänder von Grün, die her und hin
Im Hauch der Brise sich regen.

Und den Marmor der Gräber läßt der Glanz
In dämmriger Schwermut glimmern,
Den vom Gipfel talwärts wirbelnden Tanz
Der Wasser kristallen schimmern.

Die ferne Ebene, die Weidewiesen,
Das mit Gischt bedeckte Meer,
Wo Klagewogen heulend sich ergießen,
Den weißen Strand, öd und leer,

Die Kirche, ihren Turm, die alte Mauer,
Der Meereszunge Geschlängel,
Alles siehst du auf deiner Himmelslauer,
Du keuscher, einsamer Engel.

II

Alles siehst du, und in den Erdenkindern,
Allen, die sterblich hier leben,
Weckst du den Wunsch, ihr Leid an dir zu lindern,
Dein weißes Licht zu erstreben.

Unos para consuelo de dolores,
Otros tras de ensueños de oro
Que con vagos y tibios resplandores
Vierte tu rayo incoloro.

Y otros, en fin, para gustar contigo
Esas venturas robadas
Que huyen del sol, acusador testigo,
Pero no de tus miradas.

III

Y yo celosa como me dio el cielo
Y mi destino inconstante,
Correr quisiera un misterioso velo
Sobre tu casto semblante.

Y piensa mi exaltada fantasía
Que sólo yo te contemplo,
Y como que es hermosa en demasía
Te doy mi patria por templo.

Pues digo con orgullo que en la esfera
Jamás brilló luz alguna
Que en su claro fulgor se pareciera
A nuestra cándida luna.

Mas ¡qué delirio y qué ilusión tan vana
Esta que llena mi mente!...
De altísimas regiones soberana
Nos miras indiferente,

Y sigues en silencio tu camino
Siempre impasible y serena,
Dejándome sujeta a mi destino,
Como el preso a su cadena,

Manche, die Schmerzen leiden, suchen Trost,
Andere die goldnen Träume,
Deren luftige Ahnung uns liebkost,
Streift uns der Schein deiner Säume.

Wieder andre genießen bis zur Neige
Bei dir ein geraubtes Glück,
Bang vor der Sonne, die anklagt als Zeuge,
Doch nicht scheu vor deinem Blick.

III

Und ich, so eifersüchtig, nach dem Willen
Des Himmels, dank schwankem Glück,
Würde dein keusches Antlitz gern verhüllen,
Verschleiern vor fremdem Blick.

Und phantasierend, wild, überspannt, denke
Ich manchmal, daß ich allein
Dich Schönen schaue und mein Land dir schenke:
Es soll dein Heiligtum sein.

Denn ich sage voll Stolz: Noch nirgendwo
Hat irgendein Licht gewohnt,
Das so strahlte, so klar, so reinheitsfroh
Wie unser schimmernder Mond.

Aber was für ein Trugbild, welch ein Wahn
Bannt mir da mein Gehirn!
Gleichgültig ziehst du droben deine Bahn,
Hohes, erhabnes Gestirn.

Und schweigend legst du deinen Weg zurück,
Stets heiter und ungerührt,
Überläßt mich fühllos meinem Geschick,
Gefangen und eingeschnürt.

Y a alumbrar vas un suelo más dichoso
        Que nuestro encantado suelo,
Aunque no más fecundo y más hermoso
        Pues no le hay bajo del cielo.

No hizo Dios, cual mi patria, otra tan bella
        En luz, perfume y frescura,
Sólo que le dio en cambio mala estrella,
        Dote de toda hermosura.

IV

Dígote, pues, adiós, tú, cuanto amada,
        Indiferente y esquiva;
¿Qué eres al fin, oh hermosa, comparada
        Al que es llama ardiente y viva?

Adiós . . ., adiós, y quiera la fortuna,
        Descolorida doncella,
Que tierra tan feliz no halles ninguna
        Como mi Galicia bella.

Y que al tornar viajera sin reposo
        De nuevo a nuestras regiones,
En donde un tiempo el celta vigoroso
        Te envió sus oraciones,

En vez de lutos como un tiempo, veas
        La abundancia en sus hogares,
Y que en ciudades, villas y en aldeas
Han vuelto los ausentes a sus lares.

Du gehst und leuchtest einem andern Land,
Das glücklicher ist als meines,
Nicht fruchtbarer, nicht schöner an Gewand,
Denn verwunschener ist keines.

Keine Heimat schuf Gott aus feinrem Kern,
So frisch, so voll Duft und Schimmer;
Freilich, er gab ihr auch den Unglücksstern,
Die Mitgift der Schönheit immer.

IV

Ich sag dir denn Lebwohl, du meine Wonne
Du, so kalt und mir so teuer
– Was, Schöner, bist du denn, neben der Sonne,
Ihrem lebendigen Feuer?

Lebwohl . . ., lebwohl denn, und das Schicksal möge,
Blasser Wandrer, dir's ersparen,
Noch solch ein glücklich Land auf deinem Wege
Wie meines hier zu gewahren.

Und wenn du, rastlos reisend, dann aufs neue
Dich näherst unserem Lande,
Wo vor Zeiten der starke Kelte scheue
Gebete zu dir hin sandte,

Geb's der Himmel, daß du statt Not und Trauern
Fülle siehst an jedem Herd
Und daß die Städte, Dörfer, Häusermauern
Sich derer erfreuen, die heimgekehrt.

»Yo en mi lecho de abrojos,
Tú en tu lecho de rosas y de plumas;
Verdad dijo el que dijo que un abismo
Media entre mi miseria y tu fortuna.
Mas yo no cambiaría
Por tu lecho mi lecho,
Pues rosas hay que manchan y emponzoñan,
Y abrojos que a través de su aspereza
Nos conducen al cielo.«

»Ich im Bett voller Disteln,
Du im Bett voller Daunenflaum und Rosen.
Wahr sprach, der sagte, daß ein Abgrund klaffe
Zwischen meinem Elend und deinem Glück.
Aber ich würde niemals
Mein Bett für dein Bett tauschen.
Denn Rosen gibt es, die mit Gift beflecken,
Und Disteln, die kraft ihrer Stachligkeit
Uns zum Himmel geleiten.«

Con ese orgullo de la honrada y triste
Miseria resignada a sus tormentos,
La virgen pobre su canción entona
En el mísero y lóbrego aposento,
Y allí otra voz murmura al mismo tiempo:

»Entre plumas y rosas descansemos,
Que hallo mejor anticipar los goces
De la gloria en la tierra, y que impaciente
Por mi aguarde el infierno.
El infierno a quien vence el que ha pecado
Con su arrepentimiento.
¡Bien hayas tú, la que el placer apuras,
Y tú, pobre y ascética, mal hayas!
La vida es breve, el porvenir oscuro,
Cierta la muerte y venturosa aquella
Que en vez de sueños realidades ama«.

Ella triste, de súbito suspira
Interrumpiendo su cantar, y bañan,
Frías y silenciosas,
Su semblante las lágrimas.

¿Quién levantó tal tempestad de llanto
En aquella alma blanca y sin rencores
Que aceptaba serena su desdicha
Con fe esperando en los celestes dones?
¡Quién! ... El perenne instigador oculto
De la insidiosa duda, el monstruo informe
Que ya es la fiebre del carnal deseo,
Ya el montón de oro que al brillar corrompe,
Ya de amor puro la fingida imagen,
Otra vez el de siempre, ... ¡Mefistófeles!
Que aunque hoy así no se le llame; acaso

Mit jenem Stolz des traurig ehrenhaften
Elends, das sich in seine Qualen schickt,
Stimmt sein Lied an das arme Mädchen in der
Schäbigen, düstren Kammer, und da flüstert
Eine andre Stimme zu gleicher Zeit:

»Zwischen Daunen und Rosen laß uns ruhen;
Denn besser scheint mir's, die Seligkeitswonnen
Schon auf Erden zu kosten – mag auch gierig
 Die Hölle auf mich warten;
Die Hölle, die doch jeder, der gesündigt,
 Durch Buße überwindet.
Wohl dir, die du den Becher aller Lust leerst!
Und dir, armselige Asketin, weh dir!
Das Leben ist so kurz, die Zukunft dunkel,
Gewiß der Tod und glücksgesegnet jene,
Die statt der Träume Wirklichkeiten liebt.«

Tief bedrückt, seufzt das Mädchen plötzlich auf,
Ihr Singen unterbrechend, und es fließen,
 Kalt und lautlos, in Strömen
 Übers Gesicht die Tränen.

Wer erregte solch einen Wolkenbruch
Des Jammers in der blanken, der arglosen
Seele, die ihr Unglück gelassen hinnahm,
Gläubig auf die Gaben im Himmel hoffend?
Wer wohl! ... Der ständige, heimliche Anstifter
Tückischen Zweifels, jener Wechselbalg,
Der mal das Fieber der Fleischeslust ist,
Mal der Goldhaufen, dessen Glanz verführt,
Mal das erheuchelte Bild reiner Liebe,
Mal er selbst, der von immer ... Mephistopheles!
Mag er heut auch nicht mehr so heißen, setzt er,

Proseguirá sin nombre la batalla,
Porque mudan los nombres, mas las cosas
Eternas ni se mudan ni se cambian.

Namenlos, vielleicht doch sein Treiben fort.
Denn Namen wechseln, doch die Dinge bleiben
Ewig gleich, ohne Wechsel, ohne Wandel.

Viéndome perseguido por la alondra
Que en su rápido vuelo
Arrebatarme quiso en su piquillo
Para dar alimento a sus polluelos,

Yo, diminuto insecto de alas de oro,
Refugio hallé en el cáliz de una rosa,
Y allí viví dichoso desde el alba
Hasta la nueva aurora.

Mas aunque era tan fresca y perfumada
La rosa como yo, no encontró abrigo
Contra el viento que alzándose en el bosque
Arrastróla en revuelto torbellino.

Y rodamos los dos en fango envueltos
Para ya nunca levantarse, ella;
Y yo para llorar eternamente
Mi amor primero y mi ilusión postrera.

Als ich verfolgt mich fühlte, von der Lerche,
        Die in geschwindem Flug
Mich hinwegraffen wollte mit dem Schnabel,
Um Nahrung zu beschaffen ihren Jungen,

Flüchtete ich, winziges, goldbeflügeltes
Insekt, hinein in den Kelch einer Rose,
Und glücklich war ich da, vom Tagesanbruch
        Bis zum kommenden Morgenrot.

Doch obwohl sie so frisch war, so voll Duft
Wie ich, fand diese Rose keinen Schutz
Gegen den Wind, der sich im Wald erhob
Und sie fortriß in rasendem Gewirbel.

Und wir rollten davon, schlammüberzogen,
So daß sie nie mehr sich erheben konnte
Und ich beweinen sollte ewiglich
Meine erste Liebe und letzte Illusion.

De repente los ecos divinos
Que en el tiempo se apagaron
Desde lejos de nuevo llamáronle
Con el poderoso encanto
Que del fondo del sepulcro
Hizo levantar a Lázaro.

Agitóse al oírlo su alma
Y volvió de su sueño letárgico
A la vida, como vuelve
A su patria el desterrado
Que ve al fin los lugares queridos,
Mas no a los seres amados.

Alma que has despertado
Vuelve a quedar dormida,
No es que aparece el alba,
Es que ya muere el día
Y te envía en su rayo postrero
La postrimera caricia.

Plötzlich wieder die göttlichen Echos,
Welche in der Zeit verhallten;
Fernher riefen sie wieder nach ihr,
Mit dem gewaltigen Zauber,
Der aus der Tiefe des Grabes
Auferstehen hieß den Lazarus.

Aufhorchend regte sich ihre Seele
Und kehrte aus lethargischem Traum
Zum Leben zurück, wie heimkehrt
Zum Vaterland der Verbannte,
Der endlich die trauten Orte sieht,
Doch nicht die geliebten Wesen.

Seele, du Wiedererwachte,
Lege dich nur wieder schlafen;
Denn es bricht kein Morgen an;
Nein, schon verscheidet der Tag
Und schickt dir mit einem Abschiedsstrahl
Seine letzte Zärtlichkeit.

Si al festín de los dioses llegas tarde,
 Ya del néctar celeste
Que rebosó en las ánforas divinas
Sólo, alma triste, encontrarás las heces.

Mas aun así de su amargor dulcísimo
Conservarás tan íntimos recuerdos
Que bastarán a consolar tus penas
De la vida en el áspero desierto.

Kommst du zu spät zum Gelage der Götter,
Wirst du vom Himmelsnektar,
Der überquellend die Amphoren füllte,
Trauriges Herz, nur den Bodensatz finden.

Doch dessen Bitterkeit, so wundersüß,
Wird dir dennoch so unvergeßlich bleiben,
Daß du genug an Trost hast für die Leiden
Des Lebens drunten in der rauhen Wüste.

La palabra y la idea, ... hay un abismo
Entre ambas cosas, orador sublime.
Si es que supiste amar, di, cuando amaste,
¿No es verdad, no es verdad que enmudeciste?
  Cuando has aborrecido, ¿no has guardado
silencioso la hiel de tus rencores,
En lo más hondo y escondido y negro
Que hallar puede en sí un hombre?
        Un beso, una mirada,
Suavísimo lenguaje de los cielos;
Un puñal afilado, un golpe aleve,
Expresivo lenguaje del infierno.
        Mas la palabra en vano
Cuando el odio o el amor llenan la vida
Al convulsivo labio balbuciente
        Se agolpa y precipita,
¡Qué ha de decir!, desventurada y muda;
De tan hondos, tan íntimos secretos,
La lengua humana, torpe, no traduce
        El velado misterio.
Palpita el corazón enfermo y triste,
Languidece el espíritu, he aquí todo;
        Después se rompe el frágil
Vaso, y la esencia elévase a lo ignoto.

Das Wort und die Idee ... Ein Abgrund klafft
Zwischen den beiden, großtönender Redner.
Wenn du je geliebt hast – sag, bist du nicht,
Als du liebtest, bist du da nicht verstummt?
  Als du Abscheu fühltest, hast du da nicht
Wortlos das Eis deines Ingrimms verstaut
In der schwärzesten und geheimsten Tiefe,
Die ein Mensch in sich selber finden kann?
        Ein Kuß oder ein Blick,
Sanfteste, zarteste Sprache der Himmel;
Ein geschliffener Dolch, ein Schlag voll Tücke,
Brüske, ausdrucksmächtige Höllensprache.
        Aber vergebens drängt,
Wenn Liebe oder Haß das Leben füllen,
Das Wort in wildem, überstürztem Schwall
        An die zuckende Lippe
– Was soll es sagen! –, ohnmächtig und stumm.
Das heimliche Wesen solch tiefer, innerster
Regungen kann die plumpe, steife Sprache
        Des Menschen nicht vermitteln.
Es pocht das kranke Herz, heftig und traurig;
Der Geist verzehrt sich schmachtend – das ist alles.
        Dann bricht das zarte Glas,
Und die Essenz entschwebt ins Unbekannte.

»Los muertos van deprisa«,
El poeta lo ha dicho,
Van tan deprisa que sus sombras pálidas
Se pierden del olvido en los abismos
Con mayor rapidez que la centella
Se pierde en los espacios infinitos.

»Los muertos van deprisa«; mas yo creo
Que aún mucho más deprisa van los vivos.
¡Los vivos!, que con ansia abrasadora,
Cuando apenas vivieron
Un instante de gloria, un solo día
De júbilo, y mucho antes de haber muerto,
Unos a otros sin piedad se entierran
Para heredarse presto.

»Die Toten gehen schnell«,
Hat der Dichter gesagt;
So schnell gehen sie, daß ihr fahler Schatten
Noch geschwinder im Abgrund des Vergessens
Untergeht, als die Sternschnuppe entschwindet
In den grenzenlosen Weiten des Weltalls.

»Die Toten gehen schnell«, aber ich glaube:
Noch schneller, viel schneller, gehen die Lebenden!
Die Lebenden ..., die, brennend vor Begierde,
Kaum daß sie einen Augenblick
Der Herrlichkeit erlebten, einen einzigen
Tag des Jubels, längst ehe sie gestorben,
Einer den andern gnadenlos beerdigen,
Um sich rasch zu beerben.

A sus plantas se agitan los hombres
Como el salvaje hormiguero
En cualquier rincón oculto
De un camino olvidado y desierto.
¡Cuál le irritan sus gritos de júbilo,
Sus risas y sus acentos,
Gratos como la esperanza,
Como la dicha soberbios!...

Todos alegres se miran,
Se tropiezan, y en revuelto
Torbellino van y vienen
A la luz de un sol espléndido,
Del cual tiene que ocultarse,
Roto, miserable, hambriento.

¡Ah!, si él fuera la nube plomiza
Que lleva el rayo en su seno,
Apagara la antorcha celeste
Con sus enlutados velos,
Y llenara de sombras el mundo
Cual lo están sus pensamientos.

Zu seinen Füßen wimmeln die Menschen
Als wilder Ameisenschwarm
Eines entlegenen Haufens
Irgendwo an verödetem Wege.
Wie entnervt ihn ihr Jubelgeschrei,
Ihr Gelächter und ihr Tonfall,
So wohlklingend wie die Hoffnung,
So hochfahrend wie das Glück! . . .

Sie alle blicken und rempeln
Fröhlich sich an, wuseln hin und
Her als wirbelndes Gewühl
In einem strahlenden Sonnenlicht,
Welches er zu scheuen hat,
Abgerissen, elend, hungrig.

Ach, wäre er die bleierne Wolke,
Die den Blitz in ihrem Leib trägt,
Er würde mit seinen Trauerschleiern
Ersticken die Himmelsfackel
Und die Welt in die Finsternis tauchen,
Die all sein Denken erfüllt.

Era en abril, y de la nieve al peso
Aún se doblaron los morados lirios;
Era en diciembre y se agostó la hierba
Al sol, como se agosta en el estío.
En verano o en invierno, no lo dudes,
Adulto, anciano o niño,
Y hierba y flor, son víctimas eternas
De las amargas burlas del destino.
Sucumbe el joven, y encorvado, enfermo,
Sobrevive el anciano; muere el rico
Que ama la vida, y el mendigo hambriento
Que ama la muerte es como eterno vivo.

April war's, und unter der Last des Schnees
Beugten sich noch die violetten Lilien;
Dezember war's, und in der Sonnenglut
Verdorrte alles Gras wie im August.
  Sei's im Sommer oder im Winter, glaub mir,
      Ewig sind Mann, Greis, Kind
Und Gras und Blume Opfer all des bitteren
Hohns, mit dem sie das Schicksal überschüttet.
  Der Jüngling geht zugrund; und krank, verkrümmt,
Lebt der Alte weiter; es stirbt der Reiche,
Der das Leben liebt; und der Hungerleider,
Der bettelnd den Tod liebt, scheint unverwüstlich.

Prodigando sonrisas
Que aplausos demandaban,
Apareció en la escena, alta la frente,
Soberbia la mirada,
Y sin ver ni pensar más que en sí misma,
Entre la turba aduladora y mansa
Que la aclamaba sol del universo,
Como noche de horror pudo aclamarla.
Pasó a mi lado y arrollarme quiso
Con su triunfal carroza de oro y nácar.
Yo me aparté y fijando mis pupilas
En las suyas airadas:
– ¡Es la inmodestia!, al conocerla dije,
Y sin enojo la volví la espalda.

Mas tú cree y espera, ¡alma dichosa!,
Que al cabo ése es el sino
Feliz de los que elige el desengaño
Para llevar la palma del martirio.

Groß ihr Lächeln verschwendend,
Das den Beifall erheischte,
Erschien sie auf der Szene, hoch die Stirn,
Herrscherlich stolz der Blick,
Nichts gewahrend, nur auf sich selbst bedacht,
Inmitten des schmeichelnden, zahmen Pöbels,
Der sie zur Sonne des Weltalls erkürte,
Wie er zur Schreckensnacht sie küren mochte.
Sie kam zu mir, wollte mich überrollen
Mit dem Gold und Perlmuttglanz ihres Siegeswagens.
Ich trat beiseite, blickte fest in ihre
Zornpupillen und sagte,
Sie erkennend: – Das ist die Unbescheidenheit!
Und gelassen kehrte ich ihr den Rücken.

Du aber, seliges Herz, glaube, hoffe,
Daß dies schließlich das Glücksgeschick
Derer ist, welche die Enttäuschung auserwählt,
Die Palme des Martyriums zu tragen.

LAS CAMPANAS

Yo las amo, yo las oigo
Cual oigo el rumor del viento,
El murmurar de la fuente
O el balido del cordero.

Como los pájaros, ellas,
Tan pronto asoma en los cielos
El primer rayo del alba,
Le saludan con sus ecos.

Y en sus notas que van repitiéndose
Por los llanos y los cerros,
Hay algo de candoroso,
De apacible y de halagüeño.

Si por siempre enmudecieran,
¡Qué tristeza en el aire y en el cielo!,
¡Qué silencio en las iglesias!,
¡Qué extrañeza entre los muertos!

DIE GLOCKEN

Ich liebe, ich höre sie,
Wie ich das Rauschen des Windes,
Das Murmeln der Quelle höre,
Oder das Blöken des Lammes.

Gleich den Vögeln grüßen sie,
Sobald am Himmelsgewölb
Der erste Lichtstrahl erscheint,
Die Frühe mit ihrem Schall.

Und in ihren Klängen, die widerklingen
In den Ebnen, auf den Höhen,
Schwingt etwas von Unschuld mit,
Von Friedsamkeit und Verheißung.

Wenn sie für immer verstummten
– Welch eine Trauer in der Luft, im Himmel!
Welche Stille in den Kirchen!
Welch Befremden bei den Toten!

En la altura los cuervos graznaban,
Los deudos gemían en torno del muerto,
Y las ondas airadas mezclaban
Sus bramidos al triste concierto.

Algo había de irónico y rudo
En los ecos de tal sinfonía,
Algo negro, fantástico y mudo
Que del alma las cuerdas hería.

Bien pronto cesaron los fúnebres cantos,
Esparcióse la turba curiosa,
Acabaron gemidos y llantos
Y dejaron al muerto en su fosa.

Tan sólo a lo lejos, rasgando la bruma,
Del negro estandarte las orlas flotaron,
Como flota en el aire la pluma
Que al ave nocturna los vientos robaron.

Am Himmel droben krächzten die Raben,
Die Verwandten umseufzten den Toten,
Und die tobenden Seewogen gaben
Zum Grabkonzert ihre Grummelnoten.

Etwas wie der Hohn rohen Triumphes
Schwang mit in der Symphonie der Düsternis.
Etwas Schwarzes, Phantastisches, Dumpfes,
Das an den Saiten der Seele riß.

Recht bald schon verstummten die Leichengesänge,
Seufzen und Weinen lösten sich auf in Luft,
Es zerstreute sich die neugierige Menge,
Ließ den Toten allein in der Gruft.

Nur weit in der Ferne, durch den Nebel schwebend,
Tanzten noch die Fransen schwarzer Fahnenpracht,
Wie die fortgewehte Feder bebend,
Die der Sturmwind raubte dem Vogel der Nacht.

Ansia que ardiente crece,
Vertiginoso vuelo
Tras de algo que nos llama
Con murmurar incierto,
Sorpresas celestiales,
Dichas que nos asombran:
Así cuando buscamos lo escondido,
Así comienzan del amor las horas.

Inaplacable angustia,
Hondo dolor del alma,
Recuerdo que no muere,
Deseo que no acaba,
Vigilia de la noche,
Torpe sueño del día
Es lo que queda del placer gustado,
Es el fruto podrido de la vida.

Sehnsucht, die lodernd wächst,
Taumelflug hinter etwas
Her, das uns ruft, uns lockt
Mit ungewissem Flüstern,
Himmlische Überraschungen,
Plötzliche Glücksanwandlungen:
So fangen, wenn wir das Geheime suchen,
So fangen sie doch an, die Stunden der Liebe.

Unbezähmbare Angst,
Tiefer Schmerz in der Seele,
Erinnern, das nicht stirbt,
Begierde, die nicht endet,
Wachliegen in der Nacht,
Dumpfes Träumen bei Tag:
Das ist, was bleibt, wenn man die Lust genoß;
Das ist die Frucht, die verfaulte, des Lebens.

Aunque mi cuerpo se hiela
Me imagino que me quemo,
Y es que el hielo algunas veces
Hace la impresión del fuego.

Auch wenn mein Körper gefriert,
Ist mir, als würd ich verbrennen;
Denn das Eis, es wirkt zuweilen,
Als wär's ein flammendes Feuer.

A las rubias envidias
Porque naciste con color moreno,
Y te parecen ellas blancos ángeles
Que han bajado del cielo.
¡Ah!, pues no olvides, niña,
Y ten por cosa cierta
Que mucho más que un ángel siempre pudo
Un demonio en la tierra.

Du beneidest die Blonden,
Weil du mit dunklem Haar geboren wurdest
Und die andern dir lichte Engel scheinen,
Herabgesandt vom Himmel.
Ah, vergiß doch nicht, Mädchen,
Und glaub doch, was ganz klar ist:
Viel mehr als ein Engel vermochte immer
Ein Dämon auf der Erde.

De este mundo en la comedia
Eterna, vienen y van
Bajo un mismo velo envueltas
La mentira y la verdad;
Por eso al verlas el hombre
Tras del mágico cendal
Que vela la faz de entrambas
Nunca puede adivinar
Con certeza cuál es de ellas
La mentira o la verdad.

In der ewigen Komödie
Dieser Welt kommen und gehen,
Umhüllt von ein und demselben
Schleier, die Lüge, die Wahrheit.
Der Mensch, welcher sie erblickt
Durch dieses Zaubergespinst,
Das beider Antlitz verschleiert,
Kann deshalb nie sicher sein,
Welche von beiden er sieht,
Die Lüge oder die Wahrheit.

Triste loco de atar, el que ama menos
Le llama al que ama más;
Y terco impenitente al que no olvida
El que puede olvidar;
Del rico el pobre en su interior maldice,
Cual si él rico no fuera si pudiese,
Y aquél siente hacia el pobre lo que el blanco
Hacia las razas inferiores siente.

Armer Irrer, so nennt der, welcher lau liebt,
        Denjenigen, der heiß liebt;
Und Sturkopf heißt, wer nicht vergißt, bei dem,
        Der leicht vergessen kann.
Den Reichen verflucht insgeheim der Arme,
Als ob er selbst nicht gern ein Reicher wäre,
Und der fühlt sich gegenüber dem Armen
Wie der Weiße beim Umgang mit den Wilden.

Justicia de los hombres, yo te busco,
Pero sólo te encuentro
En la *palabra*, que tu nombre aplaude
Mientras te niega tenazmente el *hecho*.

¿Y tú, dónde resides? – me pregunto
Con aflicción –, justicia de los cielos,
Cuando el pecado es obra de un instante
Y durará la expiación terrible
¡Mientras dure el infierno!

Gerechtigkeit der Menschen, nach dir such ich,
Doch ich finde dich nur
In dem *Wort*, das laut deinen Namen feiert,
Während die *Tat* beharrlich dich verleugnet.

Und du, wo bleibst du – so frage ich
Mich bekümmert –, Gerechtigkeit der Himmel,
Wenn die Sünde im Augenblick getan ist
Und die schreckliche Sühne so lang dauert,
Wie die Hölle besteht!

Sed de amores tenía, y dejaste
Que la apagase en tu boca,
¡Piadosa samaritana!
Y te encontraste sin honra,
Ignorando que hay labios que secan
Y que manchan cuanto tocan.

¡Lo ignorabas! . . . y ahora lo sabes,
Pero yo sé también, pecadora
Compasiva, porque a veces
Hay compasiones traidoras,
Que si el sediento volviese
A implorar misericordia,
Su sed de nuevo apagaras,
Samaritana piadosa.

No volverá, te lo juro;
Desde que una fuente enlodan
Con su pico esas aves de paso,
Se van a beber a otra.

Liebesdurst hatte er, und du ließest
Ihn löschen an deinem Mund,
Milde Samariterin,
Und du fandest dich entehrt,
Wußtest nicht, daß manche Lippen tödlich
Beschmutzen, was sie berühren.

Du wußtest nichts davon ... Und nun weißt du's!
Doch ich weiß auch, du mitleidige
Sünderin, weiß es, weil Mitleid
Manchmal zum Verrat bereit ist,
Daß, wenn der Dürstende nochmal
Käme, um Erbarmen flehend,
Du aufs neue ihm den Durst stillst,
Milde Samariterin.

Er kommt nicht wieder, ich schwör dir's.
Sobald sie mit ihrem Schnabel
Einen Quell verdrecken, suchen solche
Zugvögel den nächsten Trinkplatz.

Sintiéndose acabar con el estío,
La desahuciada enferma
– ¡Moriré en el otoño! –,
Pensó entre melancólica y contenta,
Y sentiré rodar sobre mi tumba
Las hojas también muertas.

Mas ... ni aun la muerte complacerla quiso,
Cruel también con ella,
Perdonóle la vida en el invierno,
Y cuando todo renacía en la tierra
La mató lentamente, entre los himnos
Alegres de la hermosa primavera.

Mit dem Sommer werde auch sie vergehen,
Meinte die heillos Kranke.
›Im Herbst werde ich sterben!‹,
Dachte sie, halb bedrückt und halb erleichtert,
›Werde spüren, wie auf mein Grab die Blätter
Fallen, die auch gestorben.‹

Doch ... selbst der Tod wollte ihr nichts zulieb tun,
Auch er benahm sich grausam,
Ließ sie den ganzen Winter lang am Leben,
Und wie dann alles aus der Erde auferstand,
Tötete er sie langsam, unterm Jubel
Des Hymnen anstimmenden schönen Frühlings.

Una cuerda tirante guarda mi seno
Que al menor viento lanza siempre un gemido,
Mas no repite nunca más que un sonido
Monótono, vibrante, profundo y lleno.

In meinem Innern, straff gespannt, ist ein Strang,
Eine Saite, die beim kleinsten Windhauch stöhnt,
Doch stets ist es derselbe Ton, der ertönt,
Dunkel bebend, von tiefem und vollem Klang.

Fue ayer y es hoy y siempre:
Al abrir mi ventana
Veo en oriente amanecer la aurora,
Después hundirse el sol en lontananza.

Van tantos años de esto,
Que cuando a muerto tocan,
Yo no sé si es pecado, pero digo:
¡Qué dichoso es el muerto, o qué dichosa!

Gestern wie heut und immer:
Wenn ich das Fenster öffne,
Seh ich von Ost das Morgenrot erschimmern,
Dann die Sonne versinken in der Ferne.

So geht's seit soviel Jahren,
Daß ich bei jedem Grabgeläut,
Mag ich auch damit sündigen, mir sage:
Wie gut hat's der Tote, wie gut die Tote!

¡No!, . . . no ha nacido para amar sin duda,
Ni tampoco ha nacido para odiar,
Ya que el amor y el odio han lastimado
Su corazón de una manera igual.

Como la dura roca
De algún arroyo solitario al pie,
Inmóvil y olvidado anhelaría
Ya vivir sin amar ni aborrecer.

Nein, nicht zum Lieben wurde sie geboren,
Gewiß auch nicht geboren, um zu hassen;
Denn die Liebe sowohl als auch der Haß
Haben gleichermaßen ihr Herz verwundet.

Wie der Felsblock, der harte,
Am Rand eines einsamen Wasserlaufes,
Würde sie gerne leben, regungslos,
Vergessen, ohne Liebe oder Abscheu.

Al caer despeñado en la hondura
Desde la alta cima,
Duras rocas quebraron sus huesos,
Hirieron sus carnes agudas espinas,
Y el torrente de lecho sombrío
Rasgando sus linfas
Y entreabriendo los húmedos labios
Vino a darle su beso de muerte,
Cerrando en los suyos el paso a la vida.

Despertáronle luego, y temblando
De angustia y de miedo,
¡Ah!, ¿por qué despertar?, preguntóse
Después de haber muerto.

Al pie de su tumba
Con violados y ardientes reflejos,
Flotando en la niebla
Vio dos ojos brillantes de fuego
Que al mirarle ahuyentaban el frío
De la muerte templando su seno ...
Y del yermo sin fin de su espíritu
Ya vuelto a la vida, rompiéndose el hielo,
Sintió al cabo brotar en el alma
La flor de la dicha, que engendra el deseo.
Dios no quiso que entrase infecunda
En la fértil región de los cielos,
Piedad tuvo del ánimo triste
Que el germen guardaba de goces eternos.

Als er felsab in die Tiefe stürzte
Von dem hohen Gipfel,
Zerbrach ihm hartes Gestein die Knochen,
Spitze Dornen drangen ihm ins Fleisch,
Und der Wildbach im düsteren Bett,
Seine Fluten aufreißend
Und halb seine feuchten Lippen öffnend,
Gab ihm schließlich einen Todeskuß,
Mund an Mund seinem Leben Einhalt gebietend.

Später weckte man ihn, und erzitternd
Vor Angst und Furcht,
»Ach«, fragte er sich, »wozu erwachen?«,
Nachdem er schon tot war.

Dicht bei seinem Grab,
Mit violettem, glutrotem Schimmer
Im Nebelgrau schwebend,
Sah er zwei funkelnde Feueraugen,
Deren Blick ihm die Kälte des Todes
Verscheuchte und die Brust mild erwärmte ...
Und aus dem endlosen Ödland seines Geistes
Zum Leben heimgekehrt, fühlte er Eis bersten,
Spürte endlich aufsprießen im Herzen
Die Glücksblüte, welche der Sehnsucht entstammt.
Gott wollte nicht, daß er unfruchtbar
In das Fruchtland der Himmel gelange;
Er hatte Erbarmen mit der traurigen
Seele, die den Keim ewiger Wonnen barg.

Desde los cuatro puntos cardinales
De nuestro buen planeta,
Joven pese a sus múltiples arrugas,
Miles de inteligencias
Poderosas y activas,
Para ensanchar los campos de la ciencia,
Tan vastos ya que la razón se pierde
En sus frondas inmensas,
Acuden a la cita que el progreso
Les da desde su templo de cien puertas.

Obreros incansables, ¡yo os saludo!,
Llena de asombro y de respeto llena,
Viendo cómo la Fe que guió un día
Hacia el desierto al santo anacoreta,
Hoy con la misma venda transparente,
Hasta el umbral de lo imposible os lleva.
¡Esperad y creed!, *crea* el que cree,
Y ama con doble ardor aquel que espera.
Pero yo en el rincón más escondido
Y también más hermoso de la tierra,
Sin esperar a Ulises,
Que el nuestro ha naufragado en la tormenta,
Semejante a Penélope
Tejo y destejo sin cesar mi tela,
Pensando que ésta es del destino humano
La incansable tarea,
Y que ahora subiendo, ahora bajando,
Unas veces con luz y otras a ciegas
Cumplimos nuestros días y llegamos
Más tarde o más temprano a la ribera.

Aus allen Richtungen, von den vier Enden
Unsres guten Planeten,
Der noch jung ist, trotz mannigfachen Runzeln,
Eilen Tausende kraftvoller
Intelligenzen eifrig
Herbei, zu erweitern die Wissenschaft,
Deren Felder schon jetzt so riesig sind,
Daß der Verstand im Blattgewirr
Sich verirrt; eilen herbei zu dem Treffen
Im hunderttorigen Tempel des Fortschritts.

Unermüdliche Arbeiter, ich grüße
Euch, voller Staunen, voll Respekt gewahrend,
Wie der Glaube, der einst den heiligen
Anachoreten in die Wüste führte,
Heut mit derselben durchscheinenden Binde
Euch antreibt bis hin zur Schwelle des Unmöglichen.
Hofft und glaubt! Denn die Glaubenskraft erschafft,
Und es liebt mit doppelter Glut, wer hofft.
Aber ich, im verborgensten, im schönsten
Winkel der Erde, hocke hier am Webstuhl,
Nicht auf Odysseus hoffend,
Denn der unsrige ging im Seesturm unter,
Hocke hier wie Penelope,
Webend und das Gewebte wieder lösend,
Und denke, daß dies die endlose Mühsal
Menschlichen Schicksals ist,
Und daß wir, einmal steigend, einmal sinkend,
Manchmal von Licht geleitet, manchmal blind
Unsre Tage verbringen und, sei's früher,
Sei es später, einmal ans Ufer kommen.

Aún otra amarga gota en el mar sin orillas
Donde lo grande pasa deprisa y lo pequeño
Desaparece o se hunde, como piedra arrojada
De las aguas profundas al estancado légamo.

Vicio, pasión, o acaso enfermedad del alma,
Débil a caer vuelve siempre en la tentación,
Y escribe como escriben las olas en la arena,
El viento en la laguna y en la neblina el sol.

Mas nunca nos asombra que trine o cante el ave,
Ni que eterna repita sus murmullos el agua;
Canta, pues, ¡oh poeta!, canta, que no eres menos
Que el ave y el arroyo que armonioso se arrastra.

Noch einen bittren Tropfen in das Meer ohne Ufer,
Wo das Große in Eile vorbeizieht und das Kleine
Verschwindet oder absackt, wie ein vom tiefen Wasser
Ausgespieener Kiesel, welchen der Schlick verschlingt.

Laster, Leidenschaft oder vielleicht Krankheit der Seele:
Schwach und schwankend, verfällt sie immerzu der Versuchung
Und schreibt, so wie die Wellen auf die Sandfläche schreiben,
Der Wind auf die Lagune, die Sonne auf den Nebel.

Doch uns wundert's ja niemals, daß der Singvogel trillert
Und daß das Wasser ewig sein Murmeln wiederholt.
Sing also, Dichter, singe! Denn du bist nicht geringer
Als der Vogel, das Rinnsal, das in Wohlklang verströmt.

En incesante encarnizada lucha,
En pugilato eterno,
Unos tras otros al palenque vienen
Para luchar, seguidos del estruendo
De los aplausos prodigados siempre
De un modo igual a todos.
Todos genios
Sublimes e inmortales se proclaman
Sin rubor; mas bien pronto
Al ruido de la efímera victoria
Se sucede el silencio
Sepulcral del olvido, y juntos todos,
Los grandes, los medianos, los pequeños,
Cual en tumba común, perdidos quedan
Sin que nadie se acuerde que existieron.

In unablässig erbittertem Ringen,
        In beständigem Faustkampf
Drängen sie, Schub um Schub, sich zu den Schranken
Des Turnierplatzes, unterm Donnerdröhnen
Des Beifalls, mit dem einer wie der andere
Stets überschüttet wird.
                                        Und zu grandiosen,
Unsterblichen Genies erhebt man alle
        Ungeniert; aber bald schon
Folgt dem Gelärm des kurzlebigen Sieges
        Die Grabesstille völliger
Vergessenheit, und alle miteinander,
Die Großen, Mittelmäßigen und Kleinen,
Bleiben verlassen liegen, wie im Massengrab,
Und niemand weiß noch was von ihrem Leben.

Glorias hay que deslumbran cual deslumbra
El vivo resplandor de los relámpagos
Y que como él se apagan en la sombra
Sin dejar de su luz huella ni rastro.

Yo prefiero a ese brillo de un instante
La triste soledad donde batallo,
Y donde nunca a perturbar mi espíritu
Llega el vano rumor de los aplausos.

Manchen blendenden Ruhm gibt's, der so blendet
Wie das heftige Aufgleißen der Blitze
Und gleich diesem Zucken erlischt im Dunkel,
Ohne eine Spur seines Lichts zu hinterlassen.

Lieber als dieser Augenblicksglanz ist mir
Die triste Einsamkeit, in der ich kämpfe
Und in der nie das nichtssagende Rauschen
Von Beifallsstürmen meinen Geist verwirrt.

¡Oh gloria!, deidad vana cual todas las deidades,
Que en el orgullo humano tienen altar y asiento,
Jamás te rendí culto, jamás mi frente altiva
Se inclinó de su trono ante el dosel soberbio.

En el dintel oscuro de mi pobre morada,
No espero que detengas el breve alado pie,
Porque jamás mi alma te persiguió en sus sueños,
Ni de tu amor voluble quiso gustar la miel.

¡Cuántos te han alcanzado que no te merecían,
Y cuántos cuyo nombre debiste hacer eterno,
En brazos del olvido más triste y más profundo,
Perdidos para siempre duermen el postrer sueño!

FIN

O Ruhm! Nichtige Gottheit, eitel wie alle Gottheiten,
Deren Sitz und Altar im menschlichen Hochmut ist.
Nie betete ich dich an, und meine stolze Stirn
Beugte sich nie vor deines Thrones Prachtbaldachin.

Unter der dunklen Türe meiner armen Behausung
Harrte ich nicht der Ankunft deines beschwingten Fußes;
Denn dich verfolgte niemals mein Herz in seinen Träumen,
Nie wollte es den Honig deiner Flattergunst kosten.

Wie viele wurden deiner zuteil, die's nicht verdienten,
Und wieviel andre, deren Namen du doch verewigen
Solltest, schlafen in tiefster und traurigster Vergessenheit,
Für alle Zeit verschollen, schlafend den letzten Schlaf!

ENDE

VERSE AUS DEM NACHLASS

die Manuel Murguía,
der Witwer von Rosalía de Castro,
1909 in die zweite spanische Ausgabe
dieses Gedichtbandes einfügte

Aunque no alcancen gloria,
Pensé escribiendo libro tan pequeño,
Son fáciles y breves mis canciones
Y acaso alcancen mi anhelado sueño.
Pues bien puede guardarlas la memoria
Tal como, pese al tiempo y la distancia,
Y al fuego asolador de las pasiones,
Sabe guardar las que aprendió en la infancia,
Cortas, pero fervientes oraciones.
Por eso son, aunque no alcancen gloria,
Tan fáciles y breves mis canciones.

Wenn sie auch keine Rühmung je erfahren,
So dachte ich, als ich dies Büchlein schrieb,
Einfach und kurz sind diese meine Lieder,
Wahr wird vielleicht der Wunschtraum, der mich trieb.
Denn leicht kann das Gedächtnis sie bewahren,
Wie es, der Zeit zum Trotz, die sich entfernt,
Und brennt die Leidensglut auch alles nieder,
Stoßgebete bewahrt, die man gelernt
Als Kind und innig stammelt immer wieder.
Drum sind, auch wenn sie so nie Ruhm erfahren,
So leicht, so kurz, so einfach meine Lieder.

I

»Tú para mí, yo para ti, bien mío«,
– Murmurabais los dos –.
»Es el amor la esencia de la vida,
No hay vida sin amor«.

¡Qué tiempo aquel de alegres armonías! . . .
¡Qué albos rayos de sol! . . .
¡Qué tibias noches de susurros llenas,
¡Qué horas de bendición!

¡Qué aroma, qué perfume, qué belleza
En cuanto Dios crió,
Y cómo entre sonrisas murmurabais:
»No hay vida sin amor!«

II

Después, cual lampo fugitivo y leve,
Como soplo veloz,
Pasó el amor . . . la esencia de la vida . . .
Mas . . . aún vivís los dos.

»Tú de otro, y de otra yo«, dijisteis luego.
¡Oh mundo engañador!
Ya no hubo noches de serena calma,
Brilló enturbiado el sol . . .

¿Y aún, vieja encina, resististe? ¿Aún late,
Mujer, tu corazón?
No es tiempo ya de delirar; no torna
Lo que por siempre huyó.

I

»Du für mich, ich für dich, mein Schatz, mein Alles«,
So flüstertet ihr beide.
»Die Liebe ist das eigentliche Leben,
Kein Leben ohne Liebe.«

Welch eine Zeit des freudevollen Einklangs! ...
Welch morgenhelles Strahlen! ...
Welch wohlig linde Nächte voll Gewisper,
Welch segensreiche Stunden!

Welch ein Duft, ein Wohlgeruch, welche Schönheit
In allem, was Gott schuf,
Und wie zärtlich habt ihr geflüstert, lächelnd:
»Kein Leben ohne Liebe!«

II

Dann, wie ein Blitz, der aufzuckt und erlischt,
Wie ein flüchtiger Windhauch
Schwand die Liebe ... das eigentliche Leben ...
Aber ... noch lebt ihr beide.

»Du mit dem, ich mit der«, sagtet ihr.
O trügerische Welt!
Keine Nächte heiterer Ruhe mehr,
Trüb schimmerte die Sonne.

Und doch, alte Steineiche, stehst du noch?
Es pocht noch, Frau, dein Herz?
Vorbei die Zeit des Schwärmens; nie kommt wieder,
Was für immer entschwunden.

No sueñes, ¡ay!, pues que llegó el invierno
　　　Frío y desolador.
Huella la nieve, valerosa, y cante
　　　Enérgica tu voz.
¡Amor, llama inmortal, rey de la Tierra!
　　　Ya para siempre ¡adiós!

Träume nicht, ach, denn Winter ist geworden,
Kalt ist es, trostlos öde.
Stapf tapfer durch den Schnee, und deine Stimme
Singe entschlossen: Liebe,
Ewige Flamme, Königin der Erde!
Für immer fort, ade!

I

Tiemblan las hojas, y mi alma tiembla, . . .
          Pasó el verano . . .,
Y para el pobre corazón mío
Unos tras otros, ¡pasaron tantos!

Cuando en las noches tristes y largas
          Que están llegando
Brille la luna, ¡cuántos sepulcros
Que antes no ha visto verá a su paso!

Cuando entre nubes hasta mi lecho
          Llegue su rayo,
¡Cuán tristemente los yermos fríos
De mi alma sola no irá alumbrando!

II

¡Pobre alma sola!, no te entristezcas,
Deja que pasen, deja que lleguen
La primavera y el triste otoño,
Ora el estío y ora las nieves;

Que no tan solo para ti corren
          Horas y meses:
Todo contigo, seres y mundos,
De prisa marchan, todo envejece;

Que hoy, mañana, antes y ahora,
          Los mismos siempre,
Hombres y frutos, plantas y flores,
Vienen y vanse, nacen y mueren.

I

Es schauert Laub, und mein Herz erschauert ...
        Vorbei ist der Sommer ...
Und so viele, einer nach dem andern,
Sind meiner armen Seele entschwunden!

Wenn in den langen, traurigen Nächten,
        Die näher rücken,
Der Mond scheint – wie viele frische Gräber
Gewahrt er da im Vorüberziehen!

Wenn durch Gewölk bis zu meinem Lager
        Sein Lichtstrahl dringt
– Wie traurig wird er die kalten Ödfelder
Meiner einsamen Seele begleißen!

II

Armes einsames Herz, sei nicht traurig,
Laß sie nur gehen, laß sie nur kommen,
Den Lenz und den wehmütigen Herbst,
Mal Sommerhitze, mal Schnee und Frost.

Denn nicht nur für dich vergehen eilends
        Stunden und Monde:
Alles rast mit dir, Wesen und Welten,
Alles hastet davon, alles altert;

Denn heute, morgen, früher und jetzt,
        Stets gilt das gleiche:
Menschen und Früchte, Kräuter und Blumen
Kommen und gehen, wachsen und sterben.

Cuando te apene lo que atrás dejas
Recuerda siempre
Que es más dichoso quien de la vida
Mayor espacio corrido tiene.

Wenn dich bekümmert, was du zurückläßt,
        Bedenke immer:
Du bist um so besser dran, je mehr
An Leben du schon durchlaufen hast.

No va solo el que llora,
No os sequéis, ¡por piedad!, lágrimas mías;
Basta un pesar del alma,
Jamás, jamás le bastará una dicha.

Juguete del Destino, arista humilde,
Rodé triste y perdida;
Pero conmigo lo llevaba todo:
Llevaba mi dolor por compañía.

Nicht allein ist, wer weint.
Trocknet nicht, nein, erbarmt euch, meine Tränen;
Ein Leid genügt dem Herzen,
Niemals, niemals wird ihm ein Glück genügen.

Spielzeug des Schicksals, eine verwehte Granne,
Trieb ich traurig dahin;
Aber immer hatte ich alles bei mir:
Hatte stets meinen Kummer als Begleiter.

»¡La copa es de oro fino,
El néctar que contiene es de los cielos!«,
Dijo, y bebió con ansia
Hasta el último sorbo de veneno.

¡Era tarde! Después ardió su sangre
Emponzoñada; y muerto,
Aún rojiza brillaba en su sepulcro
La llama inextinguible del deseo.

»Der Becher ist aus feinem
Gold, und der Nektar drin stammt aus den Himmeln!«
Sprach er und trank begierig
Alles aus, alles, bis zum letzten Giftschluck.

Da war's zu spät! Es brannte sein zersetztes
Blut; und als er schon tot war,
Schimmerte rötlich noch in seinem Grab
Die unauslöschliche Flamme der Sehnsucht.

¡Ea!, ¡aprisa subamos de la vida
La cada vez más empinada cuesta!
Empújame, dolor, y hálleme luego
En su cima fantástica y desierta.

No, ni amante ni amigo
Allí podrá seguirme;
¡Avancemos! ... ¡Yo ansío de la muerte
La soledad terrible!

Mas ¿para qué subir? Fatiga inútil
Cuando es la vida fatigosa llama,
Y podemos, ¡poder desventurado!,
Con un soplo levísimo apagarla.

Ruge a mis pies el mar, ¡soberbia tumba!
La onda encrespada estréllase impotente
Contra la roca y triste muere el día
Como en el hombre la esperanza muere.

¡Morir! Esto es lo cierto,
Y todo lo demás mentira y humo ...
Y del abismo inmenso
Un cuerpo sepultóse en lo profundo.

Lo que encontró después posible y cierto
El suicida infeliz, ¿quién lo adivina?
¡Dichoso aquel que espera
Tras de esta vida hallarse en mejor vida!

Los denn, laß uns geschwind des Lebens stetig
Steiler gestuften Felsensteig erklimmen!
Treib mich voran, mein Schmerz, damit ich endlich
Auf dem phantastisch öden Gipfel stehe.

Nein, kein Freund, kein Geliebter
Kann mir bis dorthin folgen.
Voran denn! . . . Ich ersehne die entsetzliche
Schreckeinsamkeit des Todes!

Doch wozu steigen? Wozu soviel Mühsal,
Wo doch das Leben eine matte Flamme ist,
Die wir leichthin – verhängnisvolle Macht! –
Auslöschen können mit dem schwächsten Hauch.

Brüllend tobt mir zu Füßen das Meer. Herrliche
Grabstatt! Die gischtende Woge zerschellt
Ohnmächtig an der Klippe; traurig stirbt
Der Tag, wie im Menschen die Hoffnung stirbt.

Sterben! Das ist uns sicher,
Alles andere Lügendunst und Rauch . . .
Und in die bodenlose
Tiefe des Abgrunds stürzte sich ein Körper.

Was er vielleicht, was er gewiß dann fand,
Der Selbstmörder, der arme – wer erahnt es?
Glücklich, wer hofft, er finde
Nach diesem Leben da ein beßres Leben.

Cayendo van los bravos combatientes
Y más se aclaran cada vez las filas.
          No lloréis, sin embargo;
En el vacío que los muertos dejan
Otros vendrán a proseguir la liza.

¡Vendrán! . . . Mas presto del vampiro odioso
          Destruid las guaridas
Si no queréis que los guerreros vuelvan
Tristes y oscuros a morir sin gloria
Antes de ver la patria redimida.

Es sinken hin die tapfren Streitgenossen,
Und licht und lichter werden ihre Reihen.
          Aber weint nicht, trotz allem;
In die Lücken, welche die Toten lassen,
Springen andre, die weiterkämpfen werden.

Sie kommen! ... Doch zerstört jetzt gleich die Höhlen
          Des verhaßten Vampirs,
Wenn ihr nicht wollt, daß wiederum die Krieger
Traurig und ohne Ruhm im Dunkel sterben,
Eh sie das Vaterland in Freiheit sehen.

Viendo que, semejantes a las flores
Que el huracán en su furor deshace,
Estos, después de aquéllos,
Llenos de vida y de esperanza caen
Al entrar en la lid donde con gloria
Por la patria combaten;

Tal como el pobre abuelo que contempla
Del nietezuelo amado los despojos,
Exclamó, alzando la mirada al cielo,
De angustia lleno y doloroso asombro:
– ¡Pero es verdad, Dios mío, que ellos mueren
Y quedamos nosotros!

Mit anzusehen, wie sie gleich den Blüten,
Welche des Sturmwinds Wut in Fetzen reißt,
        Erst diese und dann jene,
Erfüllt von Leben und von Hoffnung, fallen,
Kaum daß sie in die Schlacht gegangen, rühmlich
        Für ihre Heimat kämpfend,

Das läßt uns, wie den alten Ahnen, der des
Geliebten Enkelkindes Leiche liegen sieht,
Schreiend, den Blick hinauf zum Himmel richtend,
Voll Angst, voll fassungslosen Staunens fragen:
»Kann es denn sein, mein Gott, daß die da sterben
        Und wir hier weiterleben?«

Más rápidos que el rayo,
Más alados que el viento,
Inquietos vagabundos que no pueden
Refrenar nunca el inconstante vuelo,
Así descienden de la mar al fondo
Como escalan la altura de los cielos.

Mas si son impalpables e incorpóreos
Y múltiples y varios,
¿Por qué llamarlos pensamientos negros
O pensamientos blancos,
Si no tienen color, esos del alma
Eternos e invisibles soberanos?

Geschwinder als der Blitz,
Beschwingter als der Wind,
Ruhlose Vagabunden, welche niemals
Zügeln können den flatterhaften Flug,
Stoßen sie hinab bis zum Meeresgrund
Und erstürmen die Höhen aller Himmel.

Aber wenn sie ungreifbar sind und körperlos,
Vielgestaltig und verschieden
– Weshalb sie dann schwarze Gedanken nennen
Oder weiße Gedanken,
Wo sie doch keine Farbe haben, diese
Ewigen, unsichtbaren Herrscher des Herzens?

Hora tras hora, día tras día,
Entre el cielo y la tierra que quedan
Eternos vigías,
Como torrente que se despeña
Pasa la vida.

Devolvedle a la flor su perfume
Después de marchita;
De las ondas que besan la playa
Y que una tras otra besándola expiran
Recoged los rumores, las quejas,
Y en planchas de bronce grabad su armonía.

Tiempos que fueron, llantos y risas,
Negros tormentos, dulces mentiras,
¡Ay!, ¿en dónde su rastro dejaron,
En dónde, alma mía?

Stunde um Stunde und Tag um Tag,
Zwischen Himmel und Erde, die bleiben
        Als ewige Wächter,
Wie Wildwasser, das strudelnd bergab stürzt,
        Verströmt das Leben.

Gebt der Blume wieder ihren Duft,
        Nachdem sie verwelkt ist!
Sammelt das Rauschen, sammelt das Wimmern
Der Wellen, die den Sandstrand küssen, die küssend,
Eine nach der anderen, vergehen,
Und prägt ihre Harmonie in Bronzetafeln!

Zeiten, die gewesen, Jammer und Lachen,
Nachtschwarze Qualen, liebliche Lügen
– Ach, wo denn ist ihre Spur geblieben,
        Wo denn, meine Seele?

Tan sólo dudas y terrores siento,
Divino Cristo, si de Ti me aparto;
Mas cuando hacia la cruz vuelvo los ojos
Me resigno a seguir con mi calvario.

Y alzando al cielo la mirada ansiosa
Busco a tu Padre en el espacio inmenso
Como el piloto en la tormenta busca
La luz del faro que le guíe al puerto.

Nur Zweifel, nur Entsetzen überkommt mich,
Wenn ich von dir, o Heiland, mich entferne;
Doch sobald ich zum Kreuz die Augen wende,
Gehe ich willig weiter meinen Leidensweg.

Und flehentlich den Blick zum Himmel hebend,
Such ich im Grenzenlosen deinen Vater,
So wie im Sturm der Steuermann das Licht
Des Leuchtturms sucht, das ihn zum Hafen leitet.

NACHWORT

The Missing All prevented Me
From missing minor Things.
Emily Dickinson

... Und immer
Ins Ungebundene gehet eine Sehnsucht.
Vieles aber ist
Zu behalten. Und not die Treue.
Friedrich Hölderlin

Ihr Bildnis ist schon millionenfach auch durch die Hände deutscher Spanienfahrer gegangen. Gefaltet, verknittert, schweißbefleckt und zerschlissen, wird es tagtäglich getauscht und in der Tasche herumgetragen, wird auf den Tresen geworfen und in den Geldbeutel gestopft: als 500-Peseten-Schein.

Eine Allgegenwärtigkeit in fast vollkommener Anonymität – denn was bedeutet unsereinem der ohnehin kaum lesbare Namenszug über der Ziffer, die doch allein im Handel zählt?

Wer von uns hat je im Dekor dieser Banknote das Porträt der größten Lyrikerin Spaniens erkannt (einer Dichterin, von der Kindlers zwölfbändiges Literaturlexikon uns nicht ein einziges Werk vorstellt und von der nicht einmal die unlängst bei Metzler erschienene »Frauen-Literatur-Geschichte« Notiz nimmt)?

Ihr Ruhm existiert jenseits von allem, was uns wichtig scheint; entlegen wie das ländlich bescheidene Haus, das auf der Rückseite des Geldscheins abgebildet ist: »A Matanza« im galicischen Padrón, wohl eine ehemalige Schweineschlächterei, wo die Autorin mit ihrer Familie in den letzten Jahren ihres Lebens wohnte und wo »En las orillas del Sar« entstanden ist – »eines der schönsten Bücher der spanischen Dichtung«, laut Ricardo Gullón.

Ihre Heimat war das Land am Finisterre, am äußersten Rand des Kontinents; die grüne, regenbesprühte Nordwestecke Spaniens, die für die Menschen der Antike und des Mittelalters ganz realiter Finis Terrae bedeutete – das Ende der Welt – und die noch zu Lebzeiten der Dichterin in allen anderen Provinzen der

Iberischen Halbinsel als eine Region von sprichwörtlicher Rückständigkeit galt (was sie in ökonomischer Hinsicht bis zum heutigen Tag geblieben ist).

In hinterwäldlerischem Ambiente verlief das Leben von Rosalía de Castro; in einer Welt armer Bauern und Fischer; in beschränkten Verhältnissen, deren Enge den Blick stets hinaus verwies – aufs offene Meer.

Größe und Elend sind in ihrem Dasein nicht zu trennen. Schon die erste biographische Nachricht bezeugt es exemplarisch. Wie eine zum Hohn verordnete Gloriole wirkt das Szenarium ihres frühesten Erscheinens. An heiligstem, hochberühmtem Ort wurde sie zur Taufe getragen, in aller Heimlichkeit. Kaum geboren und schon geächtet, wurde das Kind unterm Deckmantel der Dunkelheit in die Kapelle des Hospital Real in Santiago de Compostela gebracht, über den Obradoiro, jenen weiten gepflasterten Platz vor der Kathedrale, durch ein Wundergeviert herrlichster Architektur, Werk eines ganzen Jahrtausends. Als Verstoßene gelangte die Neugeborene in den Armen einer Fremden, einer Magd, dorthin, wo für das Denken des gesamten Abendlandes sich jahrhundertelang all das zentrierte, was dem Menschenleben eine Bedeutung verleiht, die Zeit und Raum übersteigt.

Nein, nicht in die Kathedrale wurde sie gebracht; nicht zum Grabmal des Apostels Jakobus, das für die Pilger aus ganz Europa wichtiger als Rom, wichtiger gar als Jerusalem geworden war; aber doch in die unmittelbare Nachbarschaft, die noch zum Herzbereich des Sanktuariums gehört. Man trug sie durch das plattereske Portal des grandiosen Granitbaus, den die vermählten Könige von Aragón und Kastilien, Fernando und Isabel, 1492, unmittelbar nach der Eroberung Granadas und der Ausfahrt des Kolumbus, als Pflegestätte für erkrankte Pilger gestiftet hatten und der heute unter dem Namen »Hostal de los Reyes Católicos« als das »schönste Hotel der Welt« zahlungskräftige Touristen aus sämtlichen Erdteilen beherbergt.

Unter der Kuppel der spätgotischen Kapelle dieses karitativ gemeinten Herrschaftsbaus wurde vollzogen, was das Folio 159 im Taufregister des Antiguo Hospital Real vermeldet: »Am vierundzwanzigsten Februar achtzehnhundertsechsunddreißig (in Wirklichkeit: 1837) fungierte María Francisca Martínez aus San Juan del Campo als Patin eines Mädchens, das ich feierlich mit der heiligen Ölung versah und taufte auf den Namen María Rosalía Rita, Tochter unbekannter Eltern, welchselbiges Kind die Patin mitnahm, ohne daß es eine Nummer erhalten hat, weil es nicht ins Findelhaus eingeliefert worden ist...«

»Extranxeira na sua patria« – Ausländerin im eigenen Vaterland – lautet der Titel eines Gedichts, das die so Verheimlichte und Verleugnete vier Jahrzehnte später schrieb. Daß ihre leiblichen Überreste einmal, nur dreihundert Meter vom Ort der Nacht-und-Nebel-Taufe entfernt, schon sechs Jahre nach ihrem Tod in einem Marmorsarg verwahrt würden, in einem Mausoleum »zu ewigem Gedenken« an eine, welche die »Gloria de Galicia« war und ist, hätte sie sich nicht träumen lassen. Sie hätte es sich verbeten.

So berühmt ihre Dichtung geworden ist, so obskur ist die Geschichte ihres Lebens geblieben. Das Geheimnis ihrer Abstammung konnte mittlerweile gelüftet werden: ihr Vater war Priester, die Mutter – María Teresa de Castro y Abadía – war Sproß eines verarmten Adelsgeschlechts, Tochter eines Hidalgos aus Padrón, der im Pyrenäenfeldzug gegen die Truppen Napoleons gekämpft hatte. Die frühesten Kindheitsjahre verbrachte Rosalía de Castro in Otoño, einem Weiler südwestlich von Santiago, unter der Obhut von zwei Tanten, Schwestern jenes Geistlichen, der sie »frevlerisch« gezeugt hatte.

Irgendwann, nach Jahren, überwand die Mutter ihre Furcht vor der »Schande«, bekannte sich zur Frucht ihres »Fehltritts«, indem sie die Scheinwaise zu sich nahm, nach Padrón, ins Stammhaus, den Pazo »A Retén«. 1850 übersiedelte sie mit der Heranwachsenden nach Santiago, wohl um der besseren Schulung willen, die sie dort ihrem Kind zuteil werden lassen konnte. Anscheinend ist es ihr gelungen, derjenigen, die jahrelang ohne Familiennamen hatte auskommen müssen, dort das zu vermitteln, was als die einer Tochter aus besserem Hause angemessene

Bildung galt: Unterricht im Zeichnen und in der Musik. Rosalía spielte Gitarre und Klavier, lernte Französisch, erlangte aber nur eine rudimentäre, zeitlebens unsicher bleibende Vertrautheit mit den Regeln der Orthographie.

Im »Liceo de la Juventud«, einer geselligen Vereinigung künstlerisch interessierter junger Leute, lernte sie angehende Literaten kennen, bekam Lust zum Theaterspielen und erlebte als Hauptdarstellerin eines der diversen Stücke, die von den dortigen Laienakteuren aufgeführt wurden, einen triumphalen Erfolg. Zwei Jahre später, 1856, reiste die Neunzehnjährige, zu unbekanntem Zweck, ins ferne Madrid, wo sie im nächsten Frühling ihren ersten Gedichtband veröffentlichte, »La flor«, ein kleines Heftchen, das einen begeisterten Rezensenten fand – Manuel Murguía, der ebenfalls aus Galicien stammte und mit dem sie sich im Herbst des darauffolgenden Jahres in der Madrider Kirche San Ildefonso trauen ließ.

Als Ehefrau dieses Journalisten und Romanciers, der sich später vom Autodidakten zum größten Geschichtsschreiber Galiciens entwickeln sollte, gebar Rosalía zwischen 1859 und 1877 sieben Kinder (von denen das letzte tot zur Welt kam und das vorletzte, erst anderthalb Jahre alt, an den Folgen eines Sturzes starb). Die historischen Forschungen und wechselnden archivalischen Aufgaben ihres Mannes bedingten auch für sie unfreiwillige Reisen in die verschiedensten Zonen der Halbinsel und häufige Veränderungen des Wohnsitzes; doch von 1875 bis zu ihrem Tod am 15. Juli 1885 beschränkte sich ihr Lebensbereich wieder ganz auf Galicien. Erst achtundvierzig Jahre alt, starb sie in Padrón, in dem Haus »A Matanza«, an Gebärmutterkrebs, nach mehrjährigem Leiden.

Im Lauf eines Vierteljahrhunderts hatte sie fünf Gedichtbände publiziert (»La flor«, 1857; »A mi madre«, 1863; »Cantares gallegos«, 1863; »Follas novas«, 1880; »En las orillas del Sar«, 1884) und fünf größere erzählerische Werke (»La hija del mar«, Roman, 1859; »Flavio«, Roman, 1861; »Ruinas«, Erzählung, 1866; »El caballero de las botas azules«, Roman, 1867; »El primer loco«, Roman, 1881), zwischendurch auch ein paar wenige feuilletonistische Arbeiten, nicht mehr als ein halbes Dutzend. Die unveröffentlichten Texte, die sich bei ihrem Tod im Haus befanden – vermutlich mindestens drei Bände –, wurden auf ihr Geheiß von der ältesten Tochter verbrannt, noch ehe Murguía, der sich weit weg auf einer Dienstreise befand, heimkehrte. Da dieser, bevor er selbst, hochbetagt, fast vier Jahrzehnte nach seiner Frau, 1923 in La Coruña starb, die Korrespondenz Rosalías vernichtete, sind nur durch Zufall, durch Unachtsamkeit, ein paar wenige der vielen Briefe, die sie an ihren oft abwesenden Mann schrieb, erhalten geblieben, deren schöne, zügige Handschrift einen Geist von klarer Bestimmtheit erkennen läßt, obwohl auf diesen raren Blättern so viel von inneren Turbulenzen die Rede ist ... Mancher mag es bedauern, daß der privatbiographische Zugang für psychologisch oder psychologistisch Interessierte auf diese Weise weitgehend verwehrt worden ist. Er mag sich mit dem wohlbegründeten Hinweis trösten, den der Spurenzerstörer selbst gegeben hat, schon in seinem Vorwort zur zweiten spanischen Ausgabe von »En las orillas del Sar« im Jahre 1909: »... wer in das Innerste jenes Gefäßes der Auserwähltheit – falls solch ein Ausdruck gestattet ist – eindringen möchte, kann ihre Verse lesen. In ihnen spiegelt sich ihre Seele und die kollektive Seele ihres Landes ...«

Daß die Reste ihres Leichnams dem Boden des von ihr geliebten nachbarlichen Bauernfriedhofs in Adina entrissen und mit Gepränge nach Santiago, ins Pantheon der berühmten Galicier, überführt wurden, war ein demonstrativer Akt der Identifikation eben dieser »kollektiven Seele ihres Landes« mit der Dichterin der »Cantares gallegos«. Die postume Huldigung galt einzig und allein der Schöpferin dieses einen Werks, von dem das Volk ihrer engeren, ihrer eigentlichen Heimat spontan Besitz ergriffen hatte und in dem die Literarhistoriker noch heute das erste große Werk der nach vier Jahrhunderten erzwungener Stummheit kraftvoll auferstehenden Poesie galicischer Sprache erkennen.

Dieses Buch, das entflammte Landsleute der Autorin als die »Bibel der Galicier« bezeichnen, ist in erster Linie eine Sammlung von poetischen Variationen über Themen und Strophen altüberlieferter galicischer Volkslieder. Dank Murguía wissen wir, daß die ersten dieser poetischen Paraphrasen aus der Distanz, aus dem Heimweh Rosalías entstanden waren, in einem altkastilischen Dorf bei Valladolid namens Simancas, dessen Festung Karl V. zum Sitz des Hauptstaatsarchivs aller spanischen Lande bestimmt hatte. Sie fühlte sich dort in der Wüste, als ihr ein Vers in den Sinn kam, der ihr von früh an vertraut war: »Adiós, ríos, adiós, fontes ...« (Ade, Flüsse, ade, Quellen ...), vier Wörter, die ihr inmitten der sonnenversengten Ödnis kastilischer Sommerdürre augenblicklich die ganze grüne Lieblichkeit der wasserreichen Landschaft ihrer Kindheit als eine schmerzlich entbehrte Ferne erscheinen ließen.

Die Autorin selbst benennt in dem knappen Prolog des Buches summarisch die Motive, die aus einer momentanen Anwandlung (nicht ohne die ständige, drängende Ermunterung von seiten ihres Mannes) schließlich ein ganzes Versbuch werden ließen: »Lieder, Tränen, Klagen, Seufzer, Abenddämmerungen, Kirchweihfeste, Landschaften, Viehweiden, Pinienwälder, Einsamkeiten, Ufer, Volksbräuche, all das, kurz gesagt, was um seiner Form und um seines Kolorits willen wert ist, besungen zu werden, all das, was als Echo, als Stimme, als ein Murmeln, wie verhalten auch immer, an mein Herz gerührt hat, all das habe ich in diesem schlichten Buch zu singen gewagt, um einmal wenigstens, und sei es auch in unbeholfener Weise, denen, die uns grundlos und ahnungslos mißachten, zu sagen, daß unser Land rühmenswert ist und daß unsere Sprache nicht das Kauderwelsch ist, das man, plump sie verfälschend, in den gebildetsten Provinzen dafür ausgibt, mit einem spöttischen Grinsen, das, um die Wahrheit zu sagen (so hart sie auch klingen mag), die krasseste Unwissenheit und die unverzeihlichste Ungerechtigkeit darstellt, welche eine Provinz einer anderen antun kann, einer Schwesterprovinz, so arm diese auch sein mag. Aber das Traurigste in dieser Hinsicht ist, wie falsch anderswo die Menschen Galiciens dargestellt werden und Galicien selbst, das man allgemein für den verächtlichsten und häßlichsten Teil Spaniens hält, wo es doch in Wirklichkeit vielleicht dessen schönster und rühmlichster Teil ist.

Ich will damit nicht die Empfindlichkeit von irgendwem verletzen, obwohl man es, ehrlich gesagt, demjenigen, der von anderen derart verletzt worden ist, ohne weiteres verzeihen könnte, wenn er seinem Unmut auf diese Weise ein wenig Luft macht. Ich, die ich mehrmals jene Einöden Kastiliens durchquert habe, die begreifen lassen, was Wüste heißt; ich, die ich die fruchtbare Extremadura bereist habe und die weite Mancha, wo das Sonnenlicht lotrecht auf eintönige Felder fällt, wo die Farbe dürren Strohs der Landschaft eine trübe Tönung verleiht, die den Geist entkräftet und niederdrückt – ohne ein Gräslein, das den Blick erquicken würde, der sich in einem wolkenlosen Himmel verliert, einem Himmel, so gleichförmig und so anödend wie die Erde, die er überdeckt. Ich, die ich die vielgepriesene Umgebung Alicantes besucht habe, wo die Oliven mit ihrem dunklen Grün, nach der Schnur gepflanzt, durch regelmäßige Abstände voneinander getrennt, zu weinen scheinen, weil sie sich vereinsamt fühlen, und das Obstbaugebiet um Murcia gesehen habe, von dem man solches Aufheben macht und das, so ermüdend und eintönig wie die ganze übrige Gegend dort, seine Vegetation wie auf Karton gemalte Landschaften darbietet, mit symmetrisch angeordneten Bäumen, aufgereiht wie das Spalier von Spazierweglein für Kinder – ich kann nicht umhin, mich zu empören, wenn die Menschen anderer Provinzen, die Gott mit besonderem Reichtum beschenkte, aber nicht mit besonderer Schönheit der Fluren, über dieses Galicien spotten, das doch, was Klima und Anmut betrifft, den Vergleich mit den zauberhaftesten Ländern der Erde nicht zu scheuen braucht, dieses Galicien, das voll urwüchsiger Natur ist und in dem die Menschenhand der Hand Gottes den Vorrang läßt.

Seen, Wasserfälle, Sturzbäche, blühende Auen, Täler, Höhenzüge, blaue Himmel, so heiter wie diejenigen Italiens; Horizonte, wolkig und melancholisch, doch immer schön, wie die vielgerühmten Himmelskonturen der Schweiz; geruhsame Ufer, sturmumtoste Vorgebirge, die Schreck und Staunen erwecken mit ihrem gigantenhaften, dumpf grollenden Zorn ... unermeßliche Meere ... Was noch soll ich sagen? Es gibt keine Feder, die fähig wäre, soviel versammelten Liebreiz aufzuzählen. Der Erdboden, bedeckt zu allen Jahreszeiten mit Kräutern und Blumen, die Berge voller Pinien, Eichen und Weidenbäume; die linden Winde, die wehen; die Quellen und Wildwasser, die sich sprudelnd in kristallener Klarheit ergießen, sommers wie winters, bald durch lächelnde Felder, bald durch tiefe, düstere Schluchten ... Galicien ist immer ein Garten, in dem man reine Düfte atmet, Frische und Poesie ... Und trotzdem geht die Aufgeblasenheit der Ignoranten, die schändliche Voreingenommenheit gegenüber unserem Land so weit, daß selbst diejenigen, die all seine Schönheit mit eigenen Augen schauen konnten (um erst gar nicht von denen zu reden, die sich über uns lustig machen, ohne uns jemals auch nur von ferne gesehen zu haben), daß selbst diejenigen, die nach Galicien gekommen sind und die Wonnen genossen haben, welche es gewährt, dreist behaupteten, Galicien sei – ein Dreckstall! Und das waren möglicherweise Menschen jener versengten Landstriche, aus denen sogar die Vöglein flüchten!...«

Nicht nur die Zartheit sehnsüchtiger Erinnerung durchzieht dieses Buch. Schon im Vorwort regt sich kämpferischer Zorn, der unüberhörbare Unterton wilden, aufrührerischen Unmuts. Etwas wie ein wütendes Aufstampfen unterbricht wieder und wieder die tänzerische Munterkeit der vorwiegend heiteren »Cantares«, die Reigenordnung ihres heimlich oder offenkundig vom Sechs-Achtel-Takt der Dudelsack-Muñeira regierten Bewegungsdranges. Daß die Verse im Gallego, in der heimischen Regionalsprache geschrieben sind, ist also nicht nur ein Ausfluß der von den gelehrten Interpreten so gern beschworenen »saudade«; es bedeutet nicht nur Nachgiebigkeit gegenüber einer übermächtigen Nostalgie. Was wie ein wohlig-regressives Absinken in die Lautwelt frühkindlicher Spracherfahrung erscheinen mag, ist in Wirklichkeit eine Aufwallung. Die gebürtige »Ausländerin im eigenen Land« bekennt sich aus der Ferne zu einer Heimat, die für sie nie Gewißheit, nie ein selbstverständlicher, verläßlicher Besitzstand war, aber eben deshalb ein Wert so hohen Ranges, von dem die wohlbehausten Vereinsapostel zünftiger Heimatpflege keine Ahnung haben. Daher die identifikatorische Inbrunst eines scheinbar folkloristischen lyrischen Rollenspiels in vielerlei Gestalt, das aus dem Wunsch erwächst, »den wahren Geist unseres Volkes wiederzugeben«, ihn zu erwecken aus der Kraft eigener Imagination, um so, ganz allein, die vermißte Gemeinschaft in vielstimmiger Einsamkeit zu inkarnieren.

Indem sie sich – singend, tanzend – zum Organ der Empörung ihres gedemütigten Volkes machte, sozialisierte die Dichterin ihre subjektive Auflehnung gegen jene Demütigung, die ihrem persönlichen Dasein schicksalhaft, von eben der Gesellschaft dieses Volkes, zugemutet worden war, von Geburt an. Was sie aus Instinkt und Bewußtheit als Wohllaut an der zum Kunstmittel erwählten Muttersprache rühmte, gebrauchte sie als das süße, sanfte Medium sehnsüchtiger Rückverwandlung und zugleich als Waffe eines Widerstandes, einer Rebellion, in der sich die eigene Not mit den Nöten der einst Nächsten vereinte.

Ihr Versuch einer poetischen Rehabilitierung des Gallego wurde aus Liebe gewagt und zugleich aus Widerwillen gegen das Gefühl einer ständigen Bedrohung durch zerstörerische Fremdheit, als deren bevorzugtes Gleichnis alles Kastilische herhalten mußte: ein Gegner, der historisch gegeben war als die Zentralmacht, welche die Eigenart »ihrer« Region unterdrückte; ein persönlicher Phantomgegner aber auch, den sich eine Wut erwählte, die nicht aus politischen Ursachen erwachsen war.

So abwegig es wäre, ihre Lieder als Barrikadenparolen lesen zu wollen, so falsch wäre es auch, wollte man verkennen, daß diese Verse undenkbar sind ohne den Geist der Revolte, der seit geraumer Zeit in Galicien rumorte und beim bewaffneten Aufstand von Carral 1846 mit blutiger Rache geahndet worden war, aber im engsten Freundeskreis der Autorin weiterlebte, unter den jungen Literaten und Künstlern des »Liceo de la Juventud« von Santiago, die zehn Jahre nach der Erschießung der gescheiterten Revolutionäre (und einen Monat vor der Abreise Rosalías Richtung Madrid) in der Nähe des Klosters Conxo, unter Eichbäumen, umlauert von einem Polizeikordon, ein Festmahl der demokratischen Verbrüderung von Studenten, Handwerkern und Arbeitern zelebrierten.

Trotz der Heftigkeit ihres Gerechtigkeitsverlangens, trotz allem Zorn, ja Haß, mit dem sie auf Unrecht reagierte, das ihr selbst oder anderen zugefügt wurde – eine Agitatorin ist sie nie gewesen. Im Gegenteil: sie scheute die Öffentlichkeit, sträubte sich hartnäckig gegen jeden Versuch, sie »herauszubringen«; die Einwilligung zur Publikation mußte ihr jeweils mühsam abgerungen werden. Nie fühlte sie sich dazu berufen, irgendwelche Direktiven zu erteilen. Ihre Wildheit war von einer herben Keuschheit, die nichts mit Prüderie gemein hatte, aber sie zurückschrecken ließ vor jeder Art von privater Exhibition. Ihre rabiate Ehrlichkeit verwehrte es ihr, sich selbst ideologisch zu fixieren oder sich für irgendeine Programmatik vereinnahmen zu lassen. Sie mied mit Entschiedenheit jedes spekulative Denken – aus Angst vor der Banalität seiner Resultate. Daß sie mit ihren »Cantares gallegos« eine Wirkung hervorgebracht hatte, die einer Proklamation gleichkam, scheint sie selbst bestürzt zu haben; und der Eindruck, dieser öffentliche Effekt bedeute für sie die Verpflichtung, weiterhin eine Mission zu erfüllen, im Sinne der Erwartungen, die sie spontan geweckt hatte, wurde ihr, so scheint es, bald zum lästigen Zwang, zur Beklemmung einer drohenden Selbstentfremdung.

Im Vorwort zu »Follas novas« (Neue Blätter), einem weiteren, erst siebzehn Jahre nach den »Cantares« erschienenen Band von Versen in galicischer Sprache, schickt sie der Erklärung, daß es sich eigentlich um alte Blätter handle, die schon vor einem Jahrzehnt entstanden seien, und daß diese auch die letzten seien – »denn nachdem ich die Schuld bezahlt habe, die ich meinem Land gegenüber zu haben schien, ist es schwierig, noch einmal Verse in der Muttersprache zu schreiben« –, dieser Erklärung also schickt sie einen merkwürdig formulierten Dank voraus, ihren Dank für die Wertschätzung und Zuneigung, mit der »einige Enthusiasten« jenes Werk aufgenommen hätten: »Ein Buch von dreihundert Seiten, geschrieben im lieblichen Dialekt des Landes, war damals etwas Neues und deshalb eine Tollkühnheit. Sie haben es akzeptiert, und nicht nur das, sie haben es mit Freude aufgenommen, und ich begriff, daß ich von diesem Augenblick an verpflichtet war, dafür zu sorgen, daß es nicht das erste und zugleich das letzte bleibe. Es ging nicht an, die Leute zum Kampf aufzurufen und dann das Banner im Stich zu lassen, das ich selbst aufgepflanzt hatte.«

Bis zum heutigen Tag sind engagierte Gelehrte in Galicien mit der Streitfrage beschäftigt, ob Rosalía de Castro sich überhaupt der Bedeutung voll bewußt war, die ihrer poetischen Potenz, ihrem Namen, ihrer Person zukam, seitdem sie als Sechsundzwanzigjährige mit dem Geniewurf ihrer »Cantares gallegos« etwas bewirkt hatte, das als ein wahres Auferstehungswunder gefeiert wurde. War es ihr je klar geworden, daß sie damit eine Tat von einzigartiger Orientierungskraft vollbracht hatte? Begriff sie sich selbst als die Leitfigur, die sie in den Augen und für die Herzen vieler ihrer Landsleute geworden war? Hatte sie die Kenntnisse, deren sie bedurft hätte, um den von ihr geleisteten Akt der Wiederbelebung des längst Totgeglaubten als geschichtliches Ereignis erster Ordnung zu gewahren, als Eröffnung einer bis dahin unbekannten Zukunftsperspektive für das Volk ihrer »patria chica«, ihres »kleinen Vaterlandes«? Wenn sie gewußt hätte, welches Hoffnungsfundament sie gelegt hatte, wäre sie da fähig und willens gewesen, die Baustelle zu verlassen – wie sie es nach »Follas novas« wirklich tat. Hätte sie nicht auf dem einmal Begonnenen bestehen müssen, statt sich abzuwenden, als wäre es nur eine Episode gewesen, nichts als ein schöner Moment ihrer Poetenlaune, ein Durchgangsstadium allenfalls und nicht das Eigentliche, worauf es ankam?

Auf Anhieb war ihr das ganz und gar Unwahrscheinliche geglückt: eine neue, frische, ebenso zarte wie kraftvolle Poesie voller Eigenart, die eins war mit der Wesensart einer ganzen Stammesgemeinschaft, mit dem »esprito do noso pobo«. Aus der Vertrautheit mit den Liedern der Fischer und Bauern, die sie von frühester Kindheit an gehört hatte, erwuchs ihr die Sicherheit der schlichten und doch fein nuancierten Tongebung, der melodisch klaren, rhythmisch beschwingten, lebhaft bewegten

Kontur; ebenso die Kunst des Andeutungszaubers, des verschwebenden Schimmers, des duftigen Verdämmerns, des geheimnisvollen Verfließens, bewirkt mit wenigen, sparsam hingetuschten Worten, mit einem Solo verhaltener Sehnsucht oder im lyrisch-dramatischen, manchmal scherzenden oder auch spottenden Dialog.

Nicht nur »einige Enthusiasten« nahmen dieses Poetengeschenk mit Entzücken auf. Der wunderbarste Tauschhandel kam zustande: Was die Dichterin dem Volk verdankte, wurde unwillkürlich, als wäre das nur selbstverständlich, wieder zum anonym gesungenen Eigentum des Volkes. Ethnologen sind selbst auf den kleinsten der Inseln, die vor der zerklüfteten, vielgegliederten Küste Galiciens liegen, hin und wieder auf Liedtexte gestoßen, die von den schlichten Sängern als altüberlieferte Weisen von namenloser Herkunft bezeichnet wurden, in Wahrheit aber von einem eindeutig identifizierbaren Autor stammen: von Rosalía de Castro. Ein lebendiger, zeitgenössischer Beleg für die von Juan Ramón Jiménez formulierte – aber nicht nur von ihm verfochtene – These, daß die »Volkslieder« der Iberischen Halbinsel »Intuition oder unbewußte Tradition einer verfeinerten, verlorengegangenen Kunst« seien.

Rosalía hatte das Abgesunkene wieder zu der Höhe erhoben, der es entstammte. Sie gab dem Gallego, der verachteten Sprache der Armen, damit aufs neue den Status eines würdigen Instruments der Poesie – tat es zu einer Zeit, als es noch keine Grammatik, kein standardisiertes Vokabular, keinerlei schriftliche Normierung dieser Sprache gab.

Daß sie diese gelegentlich als »Dialekt« bezeichnete, entsprach der herrschenden Gewohnheit, bedeutete aber keineswegs, daß sie ihr Heimatidiom als Sprache niederen Ranges oder als plebejische Variante der offiziellen spanischen »Hochsprache« betrachtete. Als Ehefrau Murguías muß sie sehr wohl gewußt haben, daß das Gallego – eines der vielen geschwisterlich verwandten neulateinischen Idiome, ein direkter Abkomme des »sermo rusticus« – mitnichten ein entarteter, heruntergekommener, verbauerter Sproß des Castellano ist. Sie hatte, als sie die

»Cantares« schrieb, vermutlich keine Kenntnis von den (damals noch nicht edierten) Cancioneiros der galaico-portugiesischen Dichtung des zwölften, dreizehnten und vierzehnten Jahrhunderts, der ersten Blüte großer Poesie auf der Iberischen Halbinsel. Aber daß selbst der klügste Herrscher, den Kastilien je hatte, Alfonso X. el Sabio (1221-1284), Dichter der herrlichen »Cantigas de Santa María«, das alte Gallego als die Sprache der Lyrik schlechthin verstand und gebrauchte, hat der Historiker, mit dem sie verheiratet war, ihr gewiß nicht verschwiegen. Ebensowenig die Tatsache, daß das Gallego kein Ableger des Portugiesischen ist, sondern eher dessen Stamm. Denn beide waren einmal eins, in einem Reich, das sich von der Nordküste südwärts bis Lissabon erstreckte, einem Reich, dessen Kopf und Machtzentrum aber Santiago de Compostela war. Erst die politische Teilung dieser dominanten, durch den regen Pilgerverkehr universaleuropäisch belebten Kulturregion, erst die Grenzziehung am Miño, die Etablierung eines selbständigen Königtums in Lissabon und die gleichzeitige Unterwerfung des zum Randstück gewordenen Nordens unters Joch der kastilischen Hegemonie, die den alleinigen Gebrauch des Castellano als Sprache der Ämter und der offiziellen Unterweisung erzwang, verstieß das Gallego in ein soziales Abseits, das der geographischen Abgelegenheit dieser nun wahrhaft zum Provinziellen verdammten Provinz fatal entsprach.

Der Vorstellung, daß die so degradierte Sprache darum ein für allemal zur Demut der Erniedrigten verurteilt sei, hat Rosalía de Castro widersprochen, als sie im Vorwort zu »Follas novas« schrieb: »Manche werden glauben, daß ich mich deshalb in unserer Sprache ausdrücke, weil es, wie ich sagte, meine Absicht war, von Dingen zu reden, die man bescheiden nennen kann. Das ist nicht der Grund.« Daß es auch nicht schlicht zum Zwecke regionalpatriotischer Propaganda geschah, wird deutlich in den nüchternen Sätzen, die unmittelbar folgen: »Die Massen unserer Landbevölkerung werden lange brauchen, bis sie diese Bücher lesen, die ihretwegen geschrieben wurden; aber in gewisser Weise sind sie doch für sie bestimmt.«

Warum nur, fragt man sich, schließt die Autorin ihre Erklärungen zum eigenen Werk mit Wendungen, die – verhalten zwar, aber doch unverkennbar – eine Abkehr von der Muttersprache ankündigen?

Wie weit sich die Dichterin bereits in diesem ihrem zweiten galicischen Gedichtband von dem entfernt hatte, was im ersten geboten worden war, verhehlt sie in den vorausgeschickten »Dúas palabras da autora« nicht: »Muß ich hinzufügen, daß dieses Buch von mir sozusagen nicht ein Kind derselben Inspiration ist, welche die ›Cantares gallegos‹ hervorbrachte? Ich glaube nicht. Die letztgenannten stammen aus den Tagen meiner Hoffnung, meiner Jugend, und man spürt deutlich, daß sie etwas von der Frische an sich haben, die dem beginnenden Leben eigen ist. Doch mein heutiges Buch, das gleichsam in der vollstreckten Verbannung geschrieben worden ist, kann unmöglich, auch wenn ich dies wollte, den Charme besitzen, welchen die Unschuld der ersten Eindrücke gemeinhin mit sich bringt; denn die Sonne des Lebens, wie die Sonne, welche die Welt bescheint, in der wir wohnen, leuchtet in der Morgenfrühe anders als zu der Stunde, da sie traurig zu sinken beginnt, umhüllt von den Wolken des zu Ende gehenden Herbstes.«

Eine Modulation der Grundtonart von Dur nach Moll kann aber doch wohl kaum der Grund für die Entscheidung gewesen sein, künftig auf das Gallego zu verzichten, dem von allen Kennern und Liebhabern gerade die besondere Eignung für den Ausdruck der differenziertesten Wehmutsgefühle nachgesagt wird.

Aufschlußreicher ist vielleicht eine vorausgegangene Bemerkung, nämlich die bereits erwähnte Beteuerung, das Gebiet der Spekulation strikt zu meiden: »Stets war ich darauf bedacht, die Grenzen der schlichten Poesie nicht zu überschreiten.« Was sie mit dieser »schlichten Poesie« meint, an die sie sich so entschieden halten will, definiert sie in einem Halbsatz: »... dieses namenlose Ding, das stracks wie ein Pfeil unser Fleisch durchbohrt, uns erschauern läßt und in der schmerzerfüllten Seele nachhallt wie ein anderes Ach, welches dem langen Ächzen antwortet, das die Schmerzen der Erde immer in uns erregen.«

Daß sie diese Kernforderung ihrer persönlichen Poetik mit den Mitteln des Galicischen zu erfüllen vermochte, erweisen viele Verse ihrer »Follas novas« in überwältigender Weise. Wozu also die Wendung zum Kastilischen, die sie mit »En las Orillas del Sar« definitiv vollzog? Wozu die Preisgabe selbsteroberten Geländes? Wozu dieser »Verrat«, begangen von derjenigen, die von ihren Landsleuten doch bereits als noch Lebende zum Idol, zum atmenden Inbegriff aller galicischen Tugenden erhoben wurde – bei den Ausgewanderten in Havanna oder Buenos Aires genauso wie unter den seßhaft Gebliebenen im Stammland?

Eine Randfrage? Im Gegenteil. Diese Frage spaltet – bewußt oder unbewußt – noch immer ihr Publikum, in Galicien und in allen spanisch sprechenden Ländern. Der scheinbar unmotivierte Wechsel von einer Sprache zur anderen hat ihr Werk, ihre geistige Figur halbiert. Die »ganze«, die zweisprachige Rosalía hat bis zum heutigen Tag fast keine Leser gefunden. Die einen ignorieren die galicischen Verse, die anderen verweigern sich den kastilischen, den spanischen. Und unterm »einfachen Volk« ihrer engeren Heimat hat sie weiterhin zwei konträre Bei- oder Übernamen. Sehen die einen in ihr die »nai«, die »Mutter« der »matria«, des Mutterlandes, so nennen die anderen sie – mit unüberhörbarer Distanziertheit – »a chorona«, was – leicht vergröbert – »die Heulsuse« heißt.

Daß sie von der Fahne, die sie selbst zum Feldzeichen gemacht hatte, schließlich entschlossen desertierte, war ein Akt notwendiger Selbstbefreiung: keine Flucht, sondern das Wagnis einer höheren Treue. Ohne ihren bewußten Verzicht auf die Verlängerung und Steigerung des heimischen Erfolgs, ohne ihre zweite Tollkühnheit (dem überraschenden Triumph der ersten einfach den Rücken zu kehren), ohne den rücksichtslosen Gehorsam, mit dem sie der Stimme ihres innersten Selbst folgte, hätte sie nie die Wege gefunden, auf denen sie – über »Follas novas« zu den »Orillas«, jenseits von jeder Programmatik – zur großen Vorläuferin der poetischen Moderne wurde, zu einer wesentlichen (für uns erst noch zu entdeckenden) Lyrikerin der Weltliteratur.

Ein spät entdeckter, erstmals 1953 publizierter Brief der Dichterin, den sie am 26. Juli 1881 an ihren Mann schrieb, enthält ein paar erstaunliche Sätze von geradezu bestürzender Härte. Sie dürfen in diesem Zusammenhang nicht unterschlagen werden. Murguía hatte ihr offensichtlich vom Interesse eines Verlegers an einem weiteren vaterländischen Beitrag berichtet. Ihre Antwort: »... es erstaunt mich, daß Du immer noch drängst, ich solle einen neuen Gedichtband in galicischem Dialekt schreiben ... weder für drei- noch für sechs-, noch für neuntausend Reales werde ich jemals wieder irgend etwas in unserem Dialekt schreiben; ich will mich auch mit nichts mehr beschäftigen, was irgendwie mit unserem Land zu tun hat. Damit geht ihm nichts verloren, aber mir noch viel weniger. – Man wagt zu behaupten, es sei nötig, daß ich mich vor Galicien rechtfertige. Mich rechtfertigen wofür? Dafür, daß ich alles in meinen Kräften Stehende zu seiner Erhöhung getan habe? – Das Land ist es, das sich zu rechtfertigen hat, vor den Schriftstellern, denen man, und sei's auch nur wegen des guten Willens, wegen der Begeisterung, mit der sie für es gearbeitet haben, Wertschätzung und Respekt schuldet ... Was für einen Krawall hat man da gegen mich inszeniert, wo doch die Liebe offenkundig ist, mit der ich mich zu meinem Land bekenne? Selbst wenn ich (was ich bestreite) tatsächlich einen Frevel begangen hätte mit dem fraglichen Artikel – wäre das ein hinreichender Grund, die große oder kleine literarische Reputation irgendeines Schriftstellers, der seine Heimatliebe wieder und wieder erwiesen hat, wie ich dies getan zu haben glaube, mit Schmach und Schande zu überziehen? Nein, daraus spricht nichts als Unredlichkeit oder der absolute Mangel nicht nur an Anstand und Dankbarkeit, sondern auch an Urteilsvermögen. Nun gut: das Land, das so die Seinigen behandelt, verdient es nicht, daß jene, die derart beleidigt werden, jemals wieder mit ihren üblen oder guten Schriften die Empfindlichkeiten der Landsleute verletzen. Und derweilen können diejenigen, die eine so verderbliche Absicht in dem entdeckt haben, was ich erzählte, um über eine uralte Sitte zu informieren (nicht, um sie zu loben oder zu tadeln), eine Sitte, von der in unserem Land noch gewisse Spuren geblieben sind, sich mit der Lektüre der Statistik bezüglich eines gewissen Problems trösten, das gewisse Zeitungen, die sich über meinen Artikel entrüsteten, ausgekramt haben. Es wäre besser, wenn sie gegen diese Statistik Sturm laufen würden, um so vielleicht das auszulöschen, was tausendmal übler ist als das, was sie an mir so kühn getadelt haben. – Teile also dem Verleger, der sich trotz dem üblen Ruf, den ich derzeit genieße, meiner erinnert hat – wofür ich ihm danke –, meinen Entschluß mit, nie wieder zur Feder zu greifen, um irgend etwas zu schreiben, was mit diesem Land zu tun hat, und schon gar nicht auf galicisch ... Ich will meine Landsleute nicht noch einmal in Entrüstung versetzen ...«

Wer das Vorwort zu den ein Jahr zuvor erschienenen »Neuen Blättern« kennt, wird nicht in den Irrtum verfallen, in den eben zitierten Zeilen das Urmotiv der Rückwendung zum Castellano zu vermuten. Aber in den Äußerungen momentanen Zorns verrät und bestätigt sich drastisch ein Dissens, der älter ist und tiefer reicht.

Was war der Anlaß des Skandals gewesen? – Eine erst 1977 wiederentdeckte Artikelserie, die Rosalía im Frühjahr 1881 für die Madrider Wochenzeitung »Los Lunes del Imparcial« geschrieben hatte: »Galicische Sitten«. Dort war am Schluß des vierten und letzten Teils über die hinterlassenen Angehörigen galicischer Seefahrer und Emigranten zu lesen: »Die Vorstellung, daß der Vater, der Sohn oder der Gatte möglicherweise in unwirtlichen Ländern oder öder Einsamkeit verloren umherirren, steigert die Mitleidsinstinkte dieser Leute derart, daß ihre Hilfsbereitschaft, wie man zu Recht sagen mag, bis ins Unwahrscheinliche und Unglaubliche geht ... Bei manchen gilt es als wohltätiges und verdienstvolles Werk, daß man, wenn ein Schiffer an Land kommt, der lange Zeit ununterbrochen auf See gewesen ist, diesem Fremden erlaubt, eine Nacht im Bett der Frau, der Tochter oder der Schwester des Hausherrn zu verbringen. Der Seemann kann sich danach entfernen, ohne sich derjenigen irgendwie verpflichtet zu fühlen, die auf ihre Weise eine Tat praktischer Nächstenliebe getan hat, indem sie sich derart opferte, um die Pflichten der Gastfreundschaft ganz und gar zu erfüllen ...«

Ein derart »unsittliches« Verhalten als charakteristisches Spezifikum der »Costumbres gallegas« publik zu machen – das mußte dem normierten Moralbewußtsein professioneller Heimatverklärer wohl als unverzeihliche Nestbeschmutzung erscheinen. Wie sich die Empörung der stammesstolzen Tugendwächter artikulierte, wissen wir nicht. Noch niemand hat sich die Mühe gemacht, jene Erwiderungsartikel auszugraben, auf die Rosalía mit solcher Erbitterung reagierte. Die Recherche würde sich auch schwerlich lohnen. Was zum Vorschein käme, wäre vermutlich nichts anderes als das, was international gebräuchlich ist, wenn Leute, die zu wissen wähnen, wer sie sind und wo sie hingehören, sich derer erwehren, die es sich nicht abgewöhnen können, selbst das Nächste, Vertrauteste noch mit den Augen staunender, zweifelnder Fremdheit zu gewahren.

Als befände ich mich in der Fremde,
Betrachte ich scheu und störrisch
Von ferne die Wälder und die Höhen,
Die blumengesäumten Pfade,
Wo mich an jeder Ecke erwartete
Die Hoffnung mit ihrem Lächeln ...

So heißt es in dem großen, mehrteiligen Gedicht, mit dem die Autorin ihren letzten Versband eröffnete, der drei Jahre nach dem Skandal erschien: »An den Ufern des Sar«. Ihn als Antwort auf diese Kränkung sehen zu wollen, wäre albern – auch wenn man da und dort einen unverkennbaren Nachhall dieser Erfahrung vernimmt. »Mit schrillen Pfiffen, und grinsend mit einem Hohn ohne Grenze, / Entweihten sie meine Würde und zertraten meine Kränze ...« So ist auf Seite 211 zu lesen. Sechs Zeilen später wird die Konsequenz ausgesprochen, welche die Betroffene daraus zog: »Und als die Spur meiner Schande erlosch, als wär nichts geschehen, / Wie's am Himmel die Spur des Sterns, der weiterwandert, tut, / Schritt ich fortan durch die Menge wie der Fuß über die Glut, / Ohne nach hinten zu schauen, ohne nach vorne zu spähen.«

Welche Orientierung sich damit für die Dichtung der zu solch radikaler Unabhängigkeit Entschlossenen ergab, hat sie selbst unverzüglich benannt: »Und ich sprach zu meinem Herzen: Ist dein Feuer nicht nur Spiel / Und entspringt in dir die Quelle, Liebe sprudelnd und Gefühl, / Wasser, an dem der Dichter in göttlichem Durste trinkt, / Sei du mir Muse und laß uns singen, ohne erst zu fragen, / Ob den Leuten frohe Lieder oder die Seufzer behagen, / Ob sie Morgensonne mögen oder die Sonne, die sinkt.«

Daß dies nicht Programm blieb, sondern poetische Wirklichkeit wurde, bestätigt der Befund, den Miguel de Unamuno 1917, mehr als drei Jahrzehnte nach dem Tod der Verfasserin, notierte: »Das Persönlichste von Rosalía, das Intimste, das Subjektivste (wie wir schulmeisterlich sagen würden), muß man in ihren kastilischen Gedichten suchen ... Wenn sie selbst reden und nicht ihr Volk reden lassen will; wenn sie selbst klagen will, Rosalía, und nicht die Galicierin, so redet und klagt sie auf kastilisch. Und wie ergreifend!«

Der Philosoph zögert auch nicht, gleich eine Deutung dieses Sprachwechsels zu bieten: »Wieder und wieder lese ich einige dieser bewundernswerten Verse, die einen so intimen und so freien Rhythmus haben; einige dieser Gedichte, welche Rosalía an den Ufern des Sar komponierte, in kastilischer Sprache, die anscheinend das Idiom ihrer Kulturseele (alma de cultura) war, der Seele einer wahrhaft europäischen Europäerin des neunzehnten Jahrhunderts, angefochten auch sie vom mal de siècle ... Die Seele, die sie von ihrem Volk empfing, bot sie ihrem Volk in der Sprache dar, die ihre und dieses Volkes Muttersprache ist; doch für ihren persönlichen Geist, für ihr eigenes, mannhaftes und herbes Wesen, für ihr Ich, brauchte sie eine kastilische Statue. Die Statue nämlich, die sie erstrebte, erstand in den bronzenen Versen von ›En las orillas del Sar‹ ...«

Hier irrte der geniale Rektor von Salamanca. Zwar taucht die Bronze – ein einziges Mal – sogar expressis verbis in den postum eingefügten Versen auf, aber als fast schon groteskes Gleichnis für ein vergebliches Verlangen nach Dauer: »Sammelt das Rauschen, sammelt das Wimmern / Der Wellen, die den Sandstrand küssen, die küssend, / Eine nach der anderen, vergehen, / Und prägt ihre Harmonie in Bronzetafeln!« Wie tragisch-absurd der Autorin ein solches Vorhaben erscheint, signalisieren schon die zwei Zeilen, die diesem verzweifelt-rhetorischen Ansinnen vorausgehen: »Gebt der Blume wieder ihren Duft, / Nachdem sie verwelkt ist!« Und die Worte, die das Gedicht beschließen, lassen alles andere als den Glauben an eine Rettung des schwindenden Ichs durch Selbstverwandlung der *alma de cultura* zur Statue erkennen. »Zeiten, die gewesen, Jammer und Lachen, / Nachtschwarze Qualen, liebliche Lügen / – Ach, wo denn ist ihre Spur geblieben, / Wo denn, meine Seele?«

Es ist eine wohlmeinende, aber darum nicht minder falsche Unterstellung, wenn Unamuno von Rosalía behauptet: »... auf spanisch reimte sie ihre Ruhmesbegierden«. Als sie sich entschloß, nur noch spanisch zu schreiben, war das keine Hinwendung zu den größeren Erfolgschancen einer weltweit verbreiteten Sprache, sondern – im Gegenteil – die Abkehr von jeglichem Publikum, der vollkommene Verzicht auf Beifall. Es war keine Expansion, sondern eine Absetzbewegung, fast eine Flucht – zu sich selbst. Es war eine Beschränkung auf die Sprache, in der sie (erfolglos) ihre Romane geschrieben hatte und in der die Galicierin, wohlgemerkt, zeitlebens ihre intimen Briefe schrieb, die Briefe an ihren erzgalicisch gesonnenen Mann.

Es ging ihr am Ende nicht, wie Unamuno meint, um »die Sprache der Eroberer von Erde und Himmel«. Bestimmend war vielmehr der Impuls, das endlich zur eigenen Praxis zu machen, was sie schon zwei Jahrzehnte zuvor in einem fingierten Brief an eine imaginäre Freundin dringend geraten hatte: »Behalte Deine Verse für Dich ... All Dein Dichten sei ein Geheimnis zwischen dem Himmel, Dir und mir.« Über die Wahnidee eines Fortlebens im Nachruhm hatte sie bereits im Dialog-Vorspiel ihrer »seltsamen Geschichte« (so der Untertitel) vom »Caballero mit den blauen Stiefeln« mit drastischem Sarkasmus gehöhnt. Die unmögliche Verwandlung, von der sie hin und wieder träumte, war nicht die Metamorphose zum erzenen Ego-Standbild. In aller Stille von dem Denkmalsockel herabsteigend, auf den die noch Lebende von ihren Landsleuten erhoben worden war, sehnte sie sich nach einem ganz anderen Status.

Wie der Felsblock, der harte,
Am Rand eines einsamen Wasserlaufes,
Würde sie gerne leben, regungslos,
Vergessen, ohne Liebe oder Abscheu.

Als Variation desselben Sehnsuchtsthemas wirken Worte, die sich an anderer Stelle finden:

Der Wanderer, der erschöpft und müde
Die holprig steile Linie sieht des Weges,
Den er noch vor sich hat, fühlt, ein Weilchen
Verharrend am Fuße der Anhöhe,
Den Wunsch zu bleiben, plötzlich verwandelt
Zum Quell oder Vogel,
Zum Baum oder Felsblock.

Im inneren Dialog mit einem zweiten Ich, das die Optik eines optimistischen Ehrgeizes vermitteln zu wollen scheint (»Mach halt, einen Moment, ruhloses Denken. / Der Sieg erwartet dich, / Die Liebe und der Ruhm lächeln dir zu. / Nichts davon erfreut oder fesselt dich?«), bricht ein radikales Verlangen nach Abgeschiedenheit mit Vehemenz hervor:

Laßt mich allein sein, vergessen und frei.
Ich will streunend umherirren im Finstern;
Denn mein liebster Wunschtraum
Kann nur dort sanft und ohne Scham mich küssen.

Ein rabiater Wille zur Ruhe; ein stilles Rasen, in Richtung auf die Illusion einer vollkommenen Resignation – wohin schon die Koda der lyrischen Ouvertüre leitmotivisch weist:

Froh strebt der Unglücksvogel dem schwarzen Neste zu,
Tief schläft in seinem Schlupf das wilde Tier, das schaurige,
In seinem Grab der Tote, im Vergessen der Traurige,
Mein Herz in seiner Wüstenruh.

Nur scheinbar gegenläufig ist die Dynamik, die das Ich ein andermal von sich fordert:

Los denn, laß uns geschwind des Lebens stetig
Steiler gestuften Felsensteig erklimmen!
Treib mich voran, mein Schmerz, damit ich endlich
Auf dem phantastisch öden Gipfel stehe!

Nein, kein Freund, kein Geliebter
Kann mir bis dorthin folgen.
Voran denn!... Ich ersehne die entsetzliche
Schreckeinsamkeit des Todes!...

Wer diese Zeilen liest, wird verstehen, weshalb Unamuno den Geist dieser Frau »varonil y recio« nennt: mannhaft und herb. Sie selbst freilich kennzeichnet sich (gleich im Eingangsgedicht) mit zwei anderen Eigenschaftswörtern: »tímida y hosca« – scheu und störrisch. Zweierlei Porträtskizzen, die sich nicht nur durch Nuancen unterscheiden. Interessiert vergleicht man sie mit einer dritten, die wir dem Mann verdanken, der die Person der Dichterin, den Menschen Rosalía, am besten kannte. Manuel Murguía hat sie im Vorwort zur zweiten Auflage (1909) aus der Erinnerung folgendermaßen geschildert: »Wenn es ein sensibles Wesen gegeben hat, das sich bei der geringsten Reibung verletzt fühlte; wenn es jemanden gegeben hat, der in den Augenblicken des Unglücks stolz sich aufbäumte wie ein Held, der, ehe er besiegt zusammenbricht, sich zu erheben und weiterzukämpfen sucht, so war es sie. In ihren Adern pulsierte, in ihrem Körper bebte etwas Unbändiges und Hochgemutes, das von ihren Vorfahren stammte und das ihr zu sagen schien: ›Stirb, aber sei würdig, den Tod zu erdulden!‹ Wer immer mit Rosalía sprach, konnte gewahren, daß sie die gutwilligste und schlichteste Frau war; denn in ihrem Umgang mit den Menschen war sie nichts als Güte, fast barmherzig gegenüber den Fehlern anderer. Aber wenn sie verletzt wurde, sei es als Feindin, sei es als vom Schicksal Verfolgte, empörte sich ihre Würde, und prompt ließ sie den, der ihr die Wunde zugefügt hatte, die Wucht ihres Unmuts fühlen. Doch Eitelkeit, das Bedürfnis zu glänzen, der Eifer, diesem oder jenem Zirkel anzugehören, der Wunsch, als eine Frau höheren Ranges zu gelten – dies alles war ihr immer fremd. Im Gegenteil: die erlangten Triumphe bedeuteten ihr nichts; gleichgültig war ihr der Ruhm, der ihr zuteil werden mochte. Freudig lebte sie in der Einsamkeit ihres Hauses, zufrieden mit der Mittelmäßigkeit ihrer Verhältnisse, froh, ihre Kinder heranwachsen zu sehen und mit ihnen glücklich zu sein.«

Es fällt nicht ganz leicht, diesem Zeugnis Glauben zu schenken, nachdem man die Gedichte dieses Buches gelesen hat, Verse voller Leid, Angst, Reue, voller Unrast, Verzweiflung, Resignation und Ausbruchswut. Widerspricht dem Idyll genügsamfröhlicher Mütterlichkeit nicht gerade das einzige Gedicht, in dem Rosalía sich hier (S. 94/95) als Mutter zu erkennen gibt? Nachträglich hat sie in einem Exemplar der Erstausgabe die persönliche Authentizität dieses Poems betont, indem sie darüber schrieb: »Mis hijos« (Meine Kinder). Gleich die erste Zeile benennt das Murguíasche Haus der glücklichen Zufriedenheit als »Gefängnis aus Dornen und Rosen«. Und von den Kindern heißt es: »...sie neiden die Flügel dem Vogel, / Der sich frei über Gipfel und Täler schwingt...« Sie träumen, »sie seien die vorüberschwebende Wolke«, und rufen: »Wir allein, nur wir allein bleiben immer hier! / Warum, Mutter, führst du uns nicht dorthin, wo es / Andre Luft gibt, andre Himmel, andre Leute?« Und die Mutter bekennt:

> Ich schaue sie dabei an, mit feuchten Augen,
> Schweige und denke: – Auf der Erde, wohin da
> Euch bringen, meine armen Gefangenen,
> Daß man euch nicht an die gleichen Ketten legt?

Vor dem Menschen, dem Feind des Menschen, kann euch,
Meine Engel, die Mutterliebe nicht retten.

Verrät sich in diesen Worten nicht vor allem das eigene Empfinden der Mutter? Im Fragment eines Briefes an ihren Mann entdeckt man den Satz: »Wenn ich ein Mann wäre, würde ich augenblicklich hinausgehen und mich auf einen Berg begeben, denn der Tag ist herrlich; ich muß mich jedoch damit begnügen, eingesperrt in meiner großen Stube zu bleiben. Sei's denn!« Die Identität des den Kindern zugeschriebenen Freiheitsverlangens mit einer eigenen Ursehnsucht der Mutter wird vollends offenbar, wenn man in den »Neuen Blättern« auf ein Gedicht stößt, das mit den Worten beginnt:

Von hier seh ich einen Weg,
Weiß nicht, wohin er führt;
Und eben weil ich's nicht weiß,
Würd ich ihn gerne gehen ...

Es endet mit vier Zeilen, die an den resignativen Schluß des vorigen erinnern, aber den Grund der traurigen Bescheidung – den Menschen als Feind des Menschen – von draußen nach drinnen versetzen, in die eigene Brust.

Ich flieh nicht, nein, denn auch wenn ich
Entflöhe von Ort zu Ort,
So würde doch niemand, niemand
Mich von mir selber befreien.

Weshalb sie ausharrte im Gefängnis der Häuslichkeit, gibt sich, mit wieder anderer Motivation, in einem weiteren Gedicht desselben Bandes zu erkennen, in Versen, wo ein von Hohn und Haß verfolgtes, einsam gehetztes Ich von der endlichen Heimkehr mit den Worten berichtet:

Schutz suchend im Schatten der höchsten Wände,
Hastend allein bei Nacht
Mit blutenden Füßen durch Steingelände,
Fand ich auf öden Wegen zu den Meinen,
Kam und dachte mit Schreck: ›Sind meine Kleinen
Jetzt wohl schon aufgewacht?
Ach, wenn sie so mißhandelt mich erblicken,
In Tränen, atemlos, das Kleid in Stücken,
So wird das Blut der Mutter, wird mein Weinen
Die Ärmsten niederdrücken!‹

Langsam und angstbenommen
Habe ich Stufe um Stufe erklommen,
Das trauernde Herz von Schauern durchstürmt.
Ich horchte ...! Da summte nicht eine Fliege,
Und meine Engel schliefen in der Wiege,
Von der Jungfrau beschirmt.

Der Verdacht, daß Murguía (von dem man ja weiß, daß er nicht nur die Korrespondenz vernichtete, sondern auch durch vereinzelte Textkorrekturen und entsprechendes Arrangement der nachgelassenen Verse die Anstößigkeit der religiösen Zweifel ihrer Verfasserin nachträglich zu mildern suchte) die familiäre Gestalt Rosalías harmonisierend verfälscht habe, wird – so scheint mir – von diesem Gedicht aufs nachdrücklichste widerlegt. Die Angst der Mutter um den Seelenfrieden der Ihren, die darin so heftig, so bewegend sich ausdrückt, ist Bestätigung genug für die von García Martí überlieferte Auskunft ihrer (erst 1964 gestorbenen) Tochter Gala: »Nein, um Himmels willen! Meine Mutter war nicht traurig. Sie war fröhlich, sehr fröhlich und überaus freundlich und sympathisch. Ja, ja, sehr sympathisch; sehr lieb war Mama.«

Die Zwiegesichtigkeit der Dichterin und Hausfrau Rosalía findet sich bereits – als verblüffende, widerspruchsvolle, brisante Einheit – in einer kurzen Folge poetischer Prosatexte, die sie als erst Einundzwanzigjährige 1858, also im Jahr ihrer Heirat, in einem Almanach veröffentlichte, unter dem pseudodeutschen Titel »Lieders«:

»Oh, ich will mich nicht einschnüren nach den Regeln der Kunst! Meine Gedanken sind Vagabunden, meine Phantasie schweift umher, und meine Seele sättigt sich nur an Eindrücken. – Niemals hat in meinem Herzen die Hoffnung auf Ruhm geherrscht, nie habe ich von Lorbeerzweigen geträumt, die meine Stirn niederdrücken würden. Nur Lieder der Unabhängigkeit und Freiheit haben meine Lippen gestammelt, obwohl ich ringsum, schon von der Wiege an, das Rasseln der Ketten hörte, die mich für immer zur Gefangenen machen sollten, denn das Erbteil der Frau sind die Fußfesseln der Sklaverei. – Ich bin dennoch frei, frei wie die Vögel, wie die Winde; wie die Araber in der Wüste und der Pirat auf dem Meer. – Frei ist mein Herz, frei meine Seele und frei mein Denken, das sich aufschwingt bis zum Himmel und herabdringt bis zur Erde, stolz wie Luzifer und sanft wie eine Hoffnung. – Wenn die Herren der Erde mich mit einem Blick bedrohen oder meine Stirn mit einem Schandmal brandmarken wollen, lache ich, so wie sie lachen, und mache, scheinbar, meine Anmaßung noch größer als ihre Anmaßung. Im Grund jedoch ist mein Herz gut, aber ich gehorche nicht den Befehlen von meinesgleichen und glaube, daß ihre Kreatürlichkeit gleich der meinigen ist und daß mein Fleisch gleich ihrem Fleische ist. – Ich bin frei. Nichts kann den Gang meiner Gedanken aufhalten, und sie sind das Gesetz, das mein Geschick bestimmt.«

In diesen jugendlichen Zeilen sind – auch wenn da etwas vom pathetischen Sprachgestus des Vorbildes Espronceda nachschwingt – klar die Wesenszüge derjenigen wiederzuerkennen, die, zweieinhalb Jahrzehnte später, ihres nahen Endes bewußt, an den Ufern des Sar ihre letzten Verse schrieb. Hier wie dort: die niemals aufzuhebende, herzzerreißende Spannung der zwiefach-einen Sehnsucht, die aufbegehrend die eigene Ergebenheit verlangt. Zu Beginn lautet die Formel für das existenzbestimmende Gegensatzpaar: »Stolz wie Luzifer und sanft wie eine Hoffnung«. Am Ende wird sie ersetzt durch die Koppelung zweier karger Adjektive: »scheu und störrisch«. Noch für die langsam Sterbende sind die Gedanken das Gesetz, das ihr Geschick bestimmt. Aber nicht mehr als *marcha* – als Gang oder Marsch – treten sie in Erscheinung; schon gar nicht als Triumphzug der Individualität. Die Macht der *pensamientos* scheint sich verselbständigt zu haben. Ihr Streit verheißt keinen Fortschritt mehr, keine Befreiung der Person, die denkt. Die Gedanken sind nicht mehr primär die Instrumente ihres Wollens. Die Denkende erlebt sich selbst mehr als Opfer denn als Gebieter ihrer Gedanken, die sie als die »ewigen, unsichtbaren Herrscher des Herzens« erdulden muß. Schwarze Flügel haben viele der Vögel ihres Freiheitstraumes bekommen.

Geschwinder als der Blitz,
Beschwingter als der Wind,
Ruhlose Vagabunden, welche niemals
Zügeln können den flatterhaften Flug,
Stoßen sie hinab bis zum Meeresgrund
Und erstürmen die Höhen aller Himmel.

Sie machen sichtbar: »Abgrund oben und in der Tiefe Abgrund.« Schaudernd gewahrt das Ich:

Die Welt verwüstet, unbewohnt der Himmel,
Die Seele krank, und tief im Staub versunken
Der heilige Altar,
Wo meine Seufzer verhauchten:
Zerspellt in tausend Stücke,
Ist mein Gott in den Abgrund
Gestürzt, und sehnsüchtig ihn suchend, find ich
Nur die endlose Einsamkeit der Leere...

Die Vereinsamte aber umarmt entschlossen ihre Einsamkeit. Denn sie erfährt das Paradox: »Nicht allein ist, wer weint... immer hatte ich alles bei mir: hatte stets meinen Kummer als Begleiter.« Letzte Verlorenheit, bejaht als der entscheidende Gewinn, aufleuchtend in der jähen, umstürzenden, alle Verengung blitzhaft, glückhaft sprengenden Erkenntnis:

Was heißt Einsamkeit? Um die Welt zu füllen,
Genügt manchmal ein einziger Gedanke.
Darum findest du voller Schönheit heut
Brücke und Fluß und Wald, so weltverlassen.

Das bedeutet einen Appell, bedeutet die grandiose Forderung der Leidversunkenen, scheinbar Leidverliebten an ihr innerstes Ich:

Nicht Wolke oder Blume wecken Liebe,
Du bist es, Herz, trüb oder glücksdurchloht,
Was als Herr über Leid und Lust das Meer
Austrocknet und bewohnbar macht den Pol.

Ist das die erd- und himmelerobernde Konquistadorensprache, die Unamuno zu hören meinte? Wird so die bronzene Statue für einen »persönlichen Geist« errichtet? – Was sich tatsächlich verwirklicht in einem solchen Gedicht, ist eine neue Sicht, verwirklicht in Worten von einer Schlichtheit, die den Abschiedsblick zum Augenblick der objektivsten Innigkeit macht, zu einem Bild der Urwahrnehmung, entstehend, allmählich sich ereignend dank der Reihung, der schmucklosen, gleichsam aufzählenden Benennung seiner wenigen Einzelheiten.

Ein sanft strömender Fluß, ein schmaler Fußpfad,
Ein einsames Feld und ein Pinienhain,
Dazu die alte Brücke, bäurisch, einfach,
Rundend solch ruhefrohes Bild der Einsamkeit.

Ein Bild des Alltäglichen, erfaßt als ein Wunder, das nicht von draußen einfällt. Wahrnehmung, begriffen als Werk, geschaffen aus der Schöpfermacht des schauenden Herzens, das nur zu schauen vermag, wenn es nicht nur sich selber sieht.

Luis Cernuda, einer der großen andalusischen Lyriker unseres Jahrhunderts, meinte, man müsse dieser Autorin die allzu vielen Anspielungen auf das Leiden verzeihen, weil sie so zur Stimme einer Poesie geworden sei, in der die menschlichen Erfahrungen anderer eine so große oder eine noch größere Rolle spielen als die eigenen der Dichterin. »Und das in einer Epoche, in welcher der Dichter sich schon als einzigartiges und einsames Geschöpf vom Rest der Menschheit abzuheben suchte.« Rosalía selbst hatte sich (im Vorwort zu »Follas novas«) gefragt: »Was passiert einem denn schon, das nicht so wäre, als würde es allen passieren?« Denn sie hatte festgestellt: »... ich weiß nicht, wieviel an eigenen, wieviel an fremden Kümmernissen in meinem Buche ist, obwohl ich eigentlich alle für die meinigen halten kann, weil Menschen, die an das Unglück gewöhnt sind, allmählich dazu kommen, das, was den übrigen zustößt, als eigenes Leid zu betrachten. Das geht soweit, daß ich den Kompositionen, die man persönliche Gedichte nennen könnte, jene anderen vorzog, die mehr oder weniger treffend die Bedrängnisse der Menschen ausdrücken, die ich auf diese oder jene Weise und im Laufe vieler Jahre in meiner Umgebung leiden sah. Und es wird so viel gelitten in diesem lieben galicischen Land!«

Kein Wunder, daß sie es – entgegen ihrem zornigen Vorsatz – auch in ihrem letzten Buch nicht lassen konnte, von Galicien zu reden, von Galiciern, vor allem von denen, die »wie gedrängt von verdrießlich zäher Krankheit« das geplagte Land verlassen, verstoßen in die Heimatlosigkeit. »Denn so wenig sich der Geist, es sei denn durch Tod, von seiner fleischlichen Hülle verabschieden kann, so wenig, ja noch weniger kann der Dichter von der Umwelt absehen, in der er lebt, und von der Natur, die ihn umgibt; er kann sich nicht absetzen von seiner Zeit und aufhören, die ewige und schmerzliche Klage wiederzugeben, die heute von allen Lippen kommt.«

Daß die Gültigkeit dieser ihrer Worte aus dem Vorwort zu den »Neuen Blättern« auch durch keinen Affront von seiten ihrer Landsleute zunichte gemacht werden konnte, bewies sie gleich mit der Wahl des Titels: »En las orillas del Sar«. Er nennt die geographische Achse ihres Lebens, ein kleines Flüßchen, das in den Bergen nördlich von Santiago entspringt und bei Padrón, nicht weit vom Atlantik, in den Ulla mündet. Ihm entlang laufen die Wege und Weglein, auf denen die Todkranke verzweifelt sich ihrer selbst zu vergewissern sucht, des Menschseins überhaupt – »Was denn sind wir? Was ist der Tod?« –, fahndend auf den Spuren der Erinnerung nach der verlorenen Zeit, die doch ihr Leben, die doch sie selbst gewesen war.

Hinaus also, denn der alte
Pfad wird uns entgegen kommen,
Traurig zwar, voller Beschwer und leer
Und so verändert wie wir,
Doch beseelt noch von den hellen Spukbildern,
Die wir anbeteten einst.

Dabei erfährt sie:

Im rhythmischen Rauschen des Wellenganges
Und im Wind, der braust;
Im ungewissen Schimmer, welcher Wolke
Oder Wald erleuchtet;
Im fremden Piepsen irgendeines Zugvogels;
Im ländlich wilden, unbekannten Duft,
Den der Zephyr raubt
Dem Tal oder Gipfel,
Sind Welten, wo die Seelen Zuflucht finden,
Die unter der Last
Dieser Welt erliegen.

Und in dem Maß, in dem ihr die Zeit, das Leben, abhanden kommt, findet sie ihr eigenes Wesen wieder in dem, was ihr als Natur begegnet. Die Bilder des Winters vor allem werden ihr zu Gleichnissen der wilden Ängste und Hoffnungen des eigenen Herzens. Und so wird sagbar das Unsagbare, das Eigentliche, das sie selbst nie ausdrücken zu können meinte, als sie schrieb:

Doch das leise, dumpfe Pochen
Des Herzens, das da todkrank ist
Und stirbt vor Liebe und nachtönt
In der Brusthöhle wie eine
Baßsaite, welche zerreißt
Im leeren Raum einer Gruft,
Ist so traurig und voll Schwermut,
So schrecklich und so erhaben,
Daß das Echospiel des Genius
Es nie wiederholen kann.

Wer mutmaßt, die neue Ausdrucksweise, die in den letzten Versen Rosalías zur mächtig sprechenden Stille wird, sei nichts als ein allegorischer oder symbolistischer Akt sentimentaler Selbstbespiegelung, wird überrascht sein, wenn er am Beispiel der gefällten Bäume, der gerodeten, hingemordeten Wälder gewahrt, daß der durch Tränen dringende Blick Wirklichkeiten erkannt hat, die damals kein anderes Auge wahrnahm. Noch vor fünfzehn Jahren behauptete Xesús Alonso Montero, einer der besten Kenner des Werks von Rosalía, es sei wohl klar, daß die zwei großen Gedichte, die diesem Thema gewidmet sind, symbolische Kompositionen seien und daß die Eiche »Aspekte und Werte Galiciens« vertrete, daß sie ein Symbol galicischer Wirklichkeiten sei, die es zu verteidigen gelte. Ein halbes Jahrzehnt später jedoch, 1977, bemerkte Kathleen Kulp als erste: »Her vehement protest reveals a remarkably contemporary sense of ecology.« Was die Amerikanerin sah, ist keine Alternative zur Deutung des galicischen Gelehrten, sondern deren notwendige Ergänzung. Ganz erfaßt wird die klagende Rühmung der Bäume wohl nur von dem, der beides zusammen sieht und zugleich vernimmt, wie die Stimme der sterbenden Dichterin, noch einmal sich aufbäumend, eins wird mit der zum Untergang verurteilten Pinie:

Harter, hochmütiger Baum, der du mit
Lust dem Rauschen des Ozeans lauschst
Und so gern mit der Meerbrise braust

In der weißlichen Wüste des Strandes,
Ich liebe dich, und wonnevoll ruht
Mein Auge auf dem Schimmer, dem milden,
Der deinen stolzen Wipfel erleuchtet,
Wenn er kühn vor dem Himmel emporragt,
Abschied nehmend vom sterbenden Licht,
Grüßend den Abendstern, der da kommt...

Die Fülle, die in dieser Stimme lebt, wurde von dem Menschen, dem sie gehörte, oftmals als manische Monotonie empfunden.

In meinem Innern, straff gespannt, ist ein Strang,
Eine Saite, die beim kleinsten Windhauch stöhnt,
Doch stets ist es derselbe Ton, der ertönt,
Dunkel bebend, von tiefem und vollem Klang.

Den Dichtern aber, die nach ihr kamen, wurde sie, die einst erklärt hatte, sich nicht nach den Regeln der Kunst einschnüren zu wollen, zur vorbildlich kühnen Meisterin einer Poesie, in der das wechselnde, vielfältige Ausdrucksverlangen sich jeweils die eigene, ihm einzig gemäße Form erschafft – durch freie Kombination tradierter Metren und Strophenformen oder auch durch deren Sprengung.

Rosalía, die schon als Mädchen erkennen mußte, daß es »den Frauen noch immer nicht erlaubt ist, zu schreiben, was sie fühlen und was sie wissen«; Rosalía, die sarkastisch bekannte: »Wir haben die Freiheitskrümel unter dem Tisch des Reichen aufgelesen, den man Neunzehntes Jahrhundert nennt« – sie bewies durch die Tat, daß in der Dichtung wieder und wieder Wirklichkeit werden kann, was Schillers utopische Maxime fordert: »Es ist der Geist, der sich den Körper baut.«

Das muß keine Statue sein. Auch nicht das Inbild der selig in sich selber ruhenden Harmonie. »Haß und Liebe beisammen, / Glück und Kummer geballt« – diese Formel für die eigene Brust gilt auch für die meisten ihrer Gedichte, für die Verse einer treuen Gärtnerin, die stets aufs neue verlockt wurde, sich fortreißen zu lassen von den Wellen des Meeres.

»Der Zweifel hat mich gezeugt, die Sehnsucht mich geboren« – so ließ sie die bizarr aussehende Muse des »Caballero mit den blauen Stiefeln« bekennen. Der Konflikt zwischen solch ungleichen, ewig unversöhnten Erzeugern rief in Rosalías Sprache eine Revolution der rhythmischen Spannungsverhältnisse hervor, die von den Zeitgenossen mit Verwunderung bestarrt wurde. »En las orillas del Sar« – so berichtet Murguía – »wurde, gerade in dieser Hinsicht, von manchen als unentschuldbare Frechheit, von den meisten als ein Rätsel angesehen.« Er selbst erklärt die gewagten Neuerungen schlicht als die unvermeidliche Folge einer Naturbegabung: »Sie war ein ganz und gar musikalisches Temperament. Hätte sie eine entsprechende Ausbildung gehabt, wäre sie eine große Komponistin gewesen, ebenso groß, wie sie als Dichterin war.« Ohne technische Absicht, nur ihrer instinktiven Rhythmik folgend, habe sie die Schranken des Hergebrachten durchbrochen...

Unbezweifelbar ist: Das düsterste Buch der spanischen Lyrik des neunzehnten Jahrhunderts ist zugleich ihr schönstes – ebenbürtig in seiner Einzigartigkeit den »Rimas« des Sevillaners Gustavo Adolfo Bécquer.

Den Zauber der Dichtung Rosalías, die Magie der schwarzen Musik dieser scheuen und störrischen, heftigen und zarten Galicierin, die durch Geburt und lebenslängliche Todesnähe dazu verdammt war, sich als »Ausländerin im eigenen Vaterland« zu fühlen, hat sie selbst in die knappste poetische Formel gebannt, als sie schrieb:

Im Herzen drin ein Gedanke,
Ein Zweifel, kummerschwer,
Sich weitend wie der Himmel, ohne Schranke,
Abgrundtief wie das Meer.

Da, aus des Herzens dürrster Tiefe dringt
Auf einmal ans Licht eine frische Rose,
Wie ein Quell aus dem Wüstengrund entspringt,
Eine Lilie aus schroffstem Felsenschoße.

BIBLIOGRAPHISCHE HINWEISE

Textausgaben

Rosalía de Castro: »Obras completas«, 2 tomos. Recopilación e introducción por Victoriano García Martí; nueva edición aumentada por Arturo de Hoyo. Aguilar, Madrid, 1982.
»En las orillas del Sar«. 1.) Edición de Xesús Alonso Montero. Anaya, Salamanca, 1964. 2.) Edición de Marina Mayoral. Clásicos Castalia, Madrid, 1976. 3.) Edición de Mauro Armiño. Clásicos Plaza & Janés, Barcelona, 1985. 4.) Edición de Xesús Alonso Montero. Cátedra, Madrid, 1985.
»Poesía«. Antología bilingüe. Traducción, selección y prólogo de Mauro Armiño. Alianza, Madrid, 1980.

Sekundärliteratur

Dietrich Briesemeister: »Die Dichtung der Rosalía de Castro«. Dissertation, München, 1959.
Marina Mayoral: »La poesía de Rosalía de Castro«. Gredos, Madrid, 1974.
Claude Henri Poullain: »Rosalía Castro de Murguía y su obra literaria«. Editora Nacional, Madrid, 1974.
Kathleen Kulp-Hill: »Rosalía de Castro«. Twayne Publishers, Boston, 1977.
Ricardo Carballo Calero: »Estudos Rosalianos. Aspectos da vida e da obra de Rosalía de Castro«. Editorial Galaxia, Vigo, 1979.
Xesús Alonso Montero: »Rosalía de Castro«. Ensayo y antología. Júcar, Madrid, sexta edición, 1985.
Sammelwerke: »En torno a Rosalía«. Edición de Xesús Alonso Montero. Júcar, Madrid, 1985.
»Actas do Congreso internacional de estudios sobre Rosalía de Castro e o seu tempo«, 3 tomos. Universidade de Santiago de Compostela, 1986.

ÍNDICE

INHALTSVERZEICHNIS

Las canciones que oyó la niña

La canción que oyó en sueños el viejo

Die Lieder, die das Mädchen hörte

Das Lied, das der Alte im Traume hörte

Santa Escolástica

A la luna